电网企业员工安全等级培训系列教材

第二版

电力营销

国网浙江省电力有限公司　组编

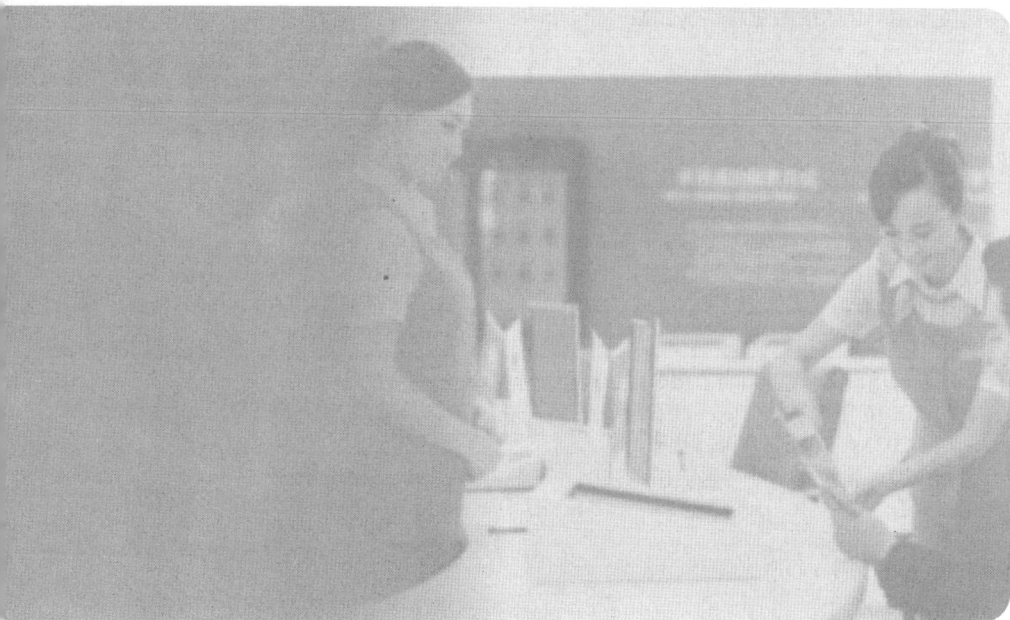

中国电力出版社

CHINA ELECTRIC POWER PRESS

内 容 提 要

本书是"电网企业员工安全等级培训系列教材（第二版）"中的《电力营销》分册，全书共七章，包括电力营销专业的基本安全要求、保证安全的组织措施和技术措施、作业项目安全风险管控、隐患排查治理、生产现场的安全设施、典型违章举例与事故案例分析、班组安全管理等内容，附录中给出了现场作业工作卡格式、现场标准化作业指导书范例及主要营销现场作业类型与风险等级对应关系。

本书是电网企业员工安全等级培训电力营销专业的专用教材，可作为电力营销岗位人员安全培训的辅助教材，宜采用《公共安全知识》分册加本专业分册配套使用的形式开展学习培训。

本书可供从事电力营销工作的专业技术人员和新员工安全等级培训使用。

图书在版编目（CIP）数据

电力营销/国网浙江省电力有限公司组编. —2 版. —北京：中国电力出版社，2022.1
（2023.10重印）
电网企业员工安全等级培训系列教材
ISBN 978-7-5198-6422-4

Ⅰ. ①电… Ⅱ. ①国… Ⅲ. ①电力工业–市场营销学–技术培训–教材 Ⅳ. ①F407.615

中国版本图书馆 CIP 数据核字（2022）第 005663 号

出版发行：中国电力出版社
地　　址：北京市东城区北京站西街 19 号（邮政编码 100005）
网　　址：http://www.cepp.sgcc.com.cn
责任编辑：穆智勇（zhiyong-mu@sgcc.com.cn）
责任校对：黄　蓓　王海南
装帧设计：赵姗姗
责任印制：石　雷

印　　刷：廊坊市文峰档案印务有限公司
版　　次：2016 年 6 月第一版　2022 年 1 月第二版
印　　次：2023 年 10 月北京第八次印刷
开　　本：710 毫米×1000 毫米　16 开本
印　　张：11.75
字　　数：190 千字
印　　数：7001—8000 册
定　　价：60.00 元

编写委员会

主　任　王凯军

副主任　吴　哲　　盛　晔　　朱维政　　顾天雄　　吴剑凌
　　　　王　权　　翁舟波

成　员　徐　冲　　倪相生　　黄文涛　　周　辉　　王建莉
　　　　高　祺　　杨　扬　　吴志敏　　陈　蕾　　叶代亮
　　　　何成彬　　于　军　　潘王新　　黄晓波　　黄晓明
　　　　金国亮　　徐冬生　　魏伟明　　汪　滔　　戴招响
　　　　吴宏坚　　吴　忠　　李有春　　贺伟军　　王　艇
　　　　王　劼　　汤亿则　　林立波　　卢伟军　　张国英

本册编写人员

方向晖　　余妍燕　　潘　登　　南君钧　　徐筱卿　　倪相生
王晓寅　　王益旭　　王振东

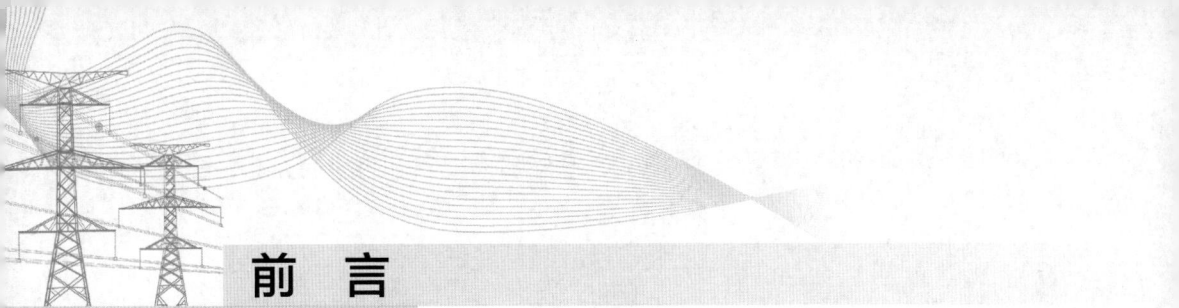

前　言

为贯彻落实国家安全生产法律法规（特别是新《安全生产法》）和国家电网公司关于安全生产的有关规定，适应安全教育培训工作的新形势和新要求，进一步提高电网企业生产岗位人员的安全技术水平，推进生产岗位人员安全等级培训和认证工作，国网浙江省电力有限公司在 2016 年出版的"电网企业员工安全技术等级培训系列教材"的基础上组织修编，形成"电网企业员工安全等级培训系列教材（第二版）"。

"电网企业员工安全等级培训系列教材（第二版）"包括《公共安全知识》分册和《变电检修》《电气试验》《变电运维》《输电线路》《输电线路带电作业》《继电保护》《电网调控》《自动化》《电力通信》《配电运检》《电力电缆》《配电带电作业》《电力营销》《变电一次安装》《变电二次安装》《线路架设》等专业分册。《公共安全知识》分册内容包括安全生产法律法规知识、安全生产管理知识、现场作业安全、作业工器（机）具知识、通用安全知识五个部分；各专业分册包括相应专业的基本安全要求、保证安全的组织措施和技术措施、作业项目安全风险管控、隐患排查治理、生产现场的安全设施、典型违章举例与事故案例分析、班组安全管理七个部分。

本系列教材为电网企业员工安全等级培训专用教材，也可作为生产岗位人员安全培训辅助教材，宜采用《公共安全知识》分册加专业分册配套使用的形式开展学习培训。

鉴于编者水平所限，不足之处在所难免，敬请读者批评指正。

编　者

2022 年 1 月

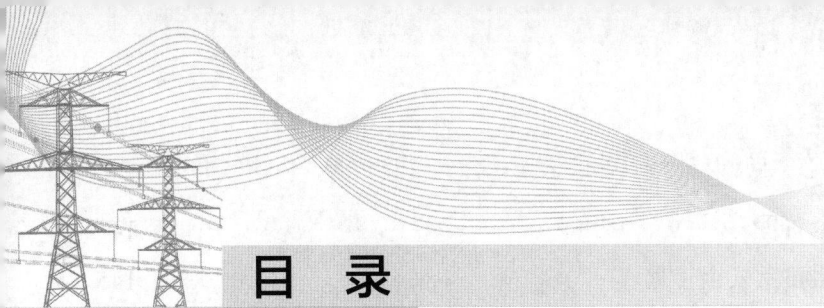

目 录

前言

第一章　基本安全要求 ·· 1

　　第一节　一般安全要求 ·· 1

　　第二节　仪器仪表的安全使用 ······································ 14

　　第三节　现场标准化作业指导书（卡）的编制和应用 ·············· 17

第二章　保证安全的组织措施和技术措施 ······················ 25

　　第一节　保证安全的组织措施 ······································ 25

　　第二节　保证安全的技术措施 ······································ 35

第三章　作业项目安全风险管控 ································· 41

　　第一节　概述 ··· 41

　　第二节　电网安全风险辨识与控制 ································· 45

　　第三节　作业安全风险辨识与控制 ································· 56

第四章　隐患排查治理 ·· 97

　　第一节　概述 ··· 97

　　第二节　常见隐患排查治理 ······································· 101

第五章　生产现场的安全设施 ·································· 110

　　第一节　安全标志 ··· 110

　　第二节　设备标志 ··· 120

　　第三节　安全防护设施 ··· 123

第六章　典型违章举例与事故案例分析 ······················ 129

　　第一节　典型违章举例 ··· 129

　　第二节　事故案例分析 ··· 136

第七章 班组安全管理 ···················· 145

第一节 班组日常安全管理 ···················· 145

第二节 作业安全监督 ···················· 151

附录 A 现场作业工作卡格式 ···················· 164

附录 B 现场标准化作业指导书范例 ···················· 165

附录 C 主要营销现场作业类型与风险等级对应关系 ···················· 178

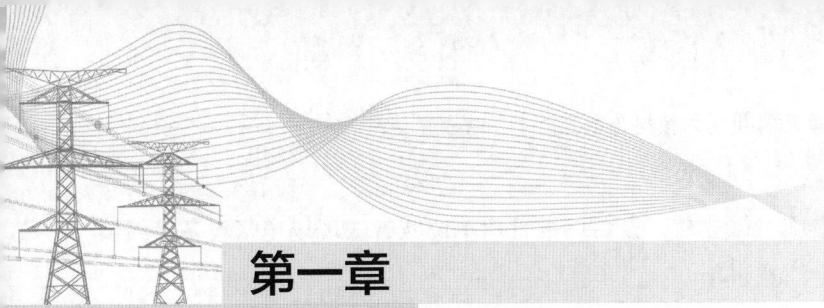

第一章

基本安全要求

第一节 一般安全要求

电力营销安全是电网企业安全的重要组成部分，直接影响企业的经营成果，直接关系到企业的合法权益，直接决定着企业的优质服务形象。为深入贯彻落实"安全第一、预防为主、综合治理"方针，实现营销安全的"可控、能控、在控"，应结合现代风险管理理论，建立营销安全风险防范与管理体系，提高对营销安全风险的识别和预警防范能力，防止营销安全和经济事故的发生。

一、营销现场作业的基本要求

1. 天气条件

室外作业应在良好天气下进行，风力大于 5 级及以上（或湿度大于 80%，不宜带电作业），暴雨、雷电、冰雹、大雾、沙尘暴等恶劣天气下暂时停止操作，待天气情况好转后继续进行。特殊情况下，确需在恶劣天气进行抢修时，应制定相应的安全措施，经单位批准后方可进行。

2. 作业人员

（1）经医师鉴定，无妨碍工作的病症（体格检查每两年至少一次）。

（2）具备必要的安全生产知识，学会紧急救护法，特别要学会触电急救。

（3）接受相应的安全生产知识教育和岗位技能培训，掌握营销现场作业必备的电气知识和业务技能，并按工作性质，熟悉《国家电网有限公司营销现场作业安全工作规程（试行）》的相关部分，经考试合格后上岗。

（4）作业人员应被告知其作业现场和工作岗位存在的危险因素、防范措施及事故紧急处理措施。作业前，设备运维管理单位应告知现场电气设备接线情况、危险点和安全注意事项。

（5）进入作业现场应正确佩戴安全帽，现场作业人员应穿全棉长袖工作服、绝缘鞋。

（6）作业人员对《国家电网有限公司营销现场作业安全工作规程（试行）》应每年考试一次。因故间断电气工作连续三个月及以上者，应重新学习《国家电网有限公司营销现场作业安全工作规程（试行）》，并经考试合格后，方可恢复工作。

（7）新参加电气工作的人员、实习人员和临时参加劳动的人员（管理人员、非全日制用工等）必须参加安全生产知识教育，并经考试合格后，方可下现场参加指定的工作，并且不得单独工作。

（8）特种作业人员应按照国家规定的培训大纲，接受与本工种相适应的、专门的安全技术培训，经考核合格取得特种作业操作证，并经本单位书面批准后，方可参加相应的作业。

3. 作业现场

（1）作业现场的生产条件和安全设施等应符合有关标准、规范的要求，作业人员的劳动防护用品应合格、齐备。

（2）经常有人工作的场所及施工车辆上宜配备急救箱，存放急救用品，并应指定专人经常检查、补充或更换。

（3）进出屏、柜、箱等现场设备的电缆及接线应有标识牌或编号，孔洞应用防火材料严密封堵。

（4）设备运维管理单位应将配电站、开闭所的井、坑、孔、洞或沟（槽）覆以与地面齐平而坚固的盖板，所有吊物孔、没有盖板的孔洞、楼梯和平台均应装设符合安全要求的栏杆和护板。

（5）计量装置、充换电设备等检查、检修的门应开启灵活，朝向外开。

（6）进入 SF_6 装置室之前，应确认能报警的氧含量仪和 SF_6 气体泄漏报警仪无异常报警后，方可进入。入口处若无 SF_6 气体含量显示器，应先通风 15min，并用检漏仪测量 SF_6 气体含量合格。不宜一人进入 SF_6 配电装置室进行巡视，不准一人进入从事工作。工作区空气中 SF_6 气体含量不得超过 1000μL/L（即 1000ppm）。

（7）在多电源和有自备电源的客户线路的高压系统接入点，应有明显断开点。

（8）现场作业过程中，要防止误入高压带电区域，无论设备是否带电，作业人员严禁擅自穿越、跨越安全围栏或超越安全警戒线，不得单独移开或越过遮栏进行工作。

（9）现场作业过程中，应提前观察周围应急逃生路线指示和消防通道等，不得进行和工作无关的作业。

（10）在夜间、雾天、地下、电缆隧道以及室内作业，应有足够的照明。

（11）金属计量箱的箱体、充电桩外壳等设备的接地电阻应合格。

（12）对于风险较高的营销现场作业（如变电站、电厂内作业，以及高压部位需停电并做安全措施的作业），宜开启视频监控设备，对工作现场进行监控。视频设备应放置合理、牢固，宜具备定位、实时对讲功能。视频设备宜与相关业务应用系统挂接，视频、音频的开启与录制宜满足相关监控需求。

二、安全距离的要求

1. 安全距离的含义

电气工作时，为了防止人体触及或接近带电体，防止车辆或其他物体碰撞或接近带电体等造成的危险，在其两者之间需保持一定的空间距离，这个距离就称为安全距离。人与带电设备之间的距离按设备是否需要停电，分设备不停电的最小安全距离、设备必须要停电的最小安全距离、设备不停电但必须装设安全遮栏或绝缘挡板措施时的距离三种。

2. 作业时对安全距离的要求

为了防止人体触及或接近带电体、造成人身触电事故，《国家电网公司电力安全工作规程》（简称《安规》）规定高压线路、设备不停电时的最小安全距离如表1-1所示，表1-2为作业人员工作中正常活动范围与设备带电部分的安全距离，小于表中规定的安全距离的高压线路、设备，必须停电。当人体与带电设备之间的距离处于表1-1和表1-2之间时，必须做好装设安全遮栏或绝缘挡板措施。表 1-3 所示为车辆（包括装载物）外廓至无遮栏带电部分之间的最小安全距离。表 1-4 所示为带电作业时人身与带电体间的安全距离。

表 1-1　　　　　　高压线路、设备不停电时的最小安全距离

电压等级（kV）	安全距离（m）
10 及以下	0.7
20、35	1.0
66、110	1.5
220	3.0

注　表中未列电压应选用高一档电压等级的安全距离。电压等级数据按海拔 1000m 校正。

表 1-2　　　作业人员工作中正常活动范围与设备带电部分的安全距离

电压等级（kV）	安全距离（m）
10 及以下	0.35
20、35	0.60
66、110	1.50
220	3.00

注　表中未列电压按高一档电压等级的安全距离。

表 1-3　车辆（包括装载物）外廓至无遮栏带电部分之间的最小安全距离

电压等级（kV）	安全距离（m）
10	0.95
20	1.05
35	1.15
66	1.40
110	1.65（1.75 中性点不接地系统使用）

表 1-4　　　　　带电作业时人身与带电体间的安全距离

电压等级（kV）	10	20	35	110
距离（m）	0.4	0.5	0.6	1.0

3. 室内、外配电装置的最小电气安全净距

室内、外配电装置的最小电气安全净距分别如表 1-5、表 1-6 所示。

表 1-5   **屋内配电装置的最小电气安全净距**   mm

符号	适用范围	额定电压（kV）									
		3	6	10	15	20	35	60	110J	110	220J
A1	1. 带电部分至接地部分之间； 2. 网状和板状遮栏向上延伸线距地 2.5m 处，与遮栏上方带电部分之间	70	100	125	150	180	300	550	850	950	1800
A2	1. 不同相的带电部分之间； 2. 断路器和隔离开关的断口两侧带电部分之间	75	100	125	150	180	300	550	900	1000	2000
B1	1. 栅状遮栏至带电部分之间； 2. 交叉的不同时停电检修的无遮栏带电部分之间	825	850	875	900	930	1050	1300	1600	1700	2550
B2	网状遮栏至带电部分之间	175	200	225	250	280	400	650	950	1050	1900
C	无遮栏裸导体至地（楼）面之间	2375	2400	2425	2450	2480	2600	2850	3150	3250	4100
D	平行的不同时停电检修的无遮栏裸导体之间	1875	1900	1925	1950	1980	2100	2350	2650	2750	3600
E	屋外出线套管至屋外通道路面	4000	4000	4000	4000	4000	4000	4500	5000	5000	5500

表 1-6   **屋外配电装置的最小电气安全净距**   mm

符号	适用范围	额定电压（kV）								
		3～10	15～20	35	60	110J	110	220J	330J	500J
A1	1. 带电部分至接地部分之间； 2. 网状遮栏向上延伸线距地 2.5m 处与遮栏上方带电部分之间	200	300	400	650	900	1000	1800	2500	3800
A2	1. 不同相的带电部分之间； 2. 断路器和隔离开关的断口两侧带电部分之间	200	300	400	650	1000	1100	2000	2800	4300
B1	1. 设备运输时，其外廓至无遮栏带电部分之间； 2. 栅状遮栏至绝缘体和带电部分之间； 3. 交叉的不同时停电检修的无遮栏带电部分之间； 4. 带电作业时的带电部分至接地部分之间	950	1050	1150	1400	1650	1750	2550	3250	4550

续表

符号	适用范围	额定电压（kV）								
		3～10	15～20	35	60	110J	110	220J	330J	500J
B2	网状遮栏至带电部分之间	300	400	500	750	1000	1100	1900	2600	3900
C	1. 无遮栏裸导体至地面之间； 2. 无遮栏导体至建筑物、构筑物顶部之间	2700	2800	2900	3100	3400	3500	4300	5000	7500
D	1. 平行的不同时停电检修的无遮栏带电部分之间； 2. 带电部分与建筑物、构筑物的边缘部分之间	2200	2300	2400	2600	2900	3000	3800	4500	5800

注　J 指中性点直接接地系统。

4. 变压器围栏安全距离的规定

（1）露天或半露天变电站的变压器四周应设不低于 1.7m 高的固定围栏（墙），变压器外廓与围栏（墙）的净距不应小于 0.8m，变压器底部距地面不应小于 0.3m，相邻变压器外廓之间的净距不应小于 1.5m。

（2）当露天或半露天变压器供给一级负荷用电时，相邻的可燃油油浸变压器的防火净距不应小于 5m；若小于 5m 时，应设置防火墙。防火墙应高出储油柜（又称油枕）顶部，且墙两端应大于挡油设施各 0.5m。

（3）可燃油油浸变压器外廓与变压器室墙壁和门的最小净距应符合表 1-7 的规定。

表 1-7　　　　可燃油油浸变压器外廓与变压器室墙壁和门的最小净距　　　　mm

变压器容量（kVA）	100～1000	1250 及以上
变压器外壳与后壁、侧壁净距	600	800
变压器外壳与门净距	800	1000

（4）设置于变压站内的非封闭式干式变压器，应装设高度不低于 1.7m 的固定遮栏，遮栏网孔不应大于 40mm×40mm，变压器的外廓与遮栏的净距不宜小于 0.6m，变压器之间的净距不应小于 1.0m。

5. 变电站内通道及其他规定

（1）配电装置的长度大于 6m 时，其柜（屏）后通道应设两个出口，低压配电装置两个出口间的距离超过 15m 时应增加出口。

（2）配电站、开闭所、箱式变电站的门应朝向外开。

（3）高压配电室内各种通道最小宽度应符合表1-8的规定。

表1-8　　　　　　　　　高压配电室内各种通道最小宽度　　　　　　　　　mm

开关柜布置方式	柜后维护通道	柜前操作通道	
		固定式	手车式
单排布置	800	1500	单车长度+1200
双排面对面布置	800	2000	双车长度+900
双排背对背布置	100	1500	单车长度+1200

注　1. 固定式开关柜为靠墙布置时，柜后与墙净距应大于50mm，侧面与墙净距应大于200mm。

　　2. 通道宽度在建筑物的墙面遇有柱类局部凸出时，凸出部位的通道宽度可减少200mm。

（4）低压配电室内成排布置的配电屏，其屏前、屏后的通道最小宽度应符合表1-9的规定。

表1-9　　　低压配电室内成排布置的配电屏屏前、屏后的通道最小宽度　　　mm

型式	布置方式	屏前通道	屏后通道
固定式	单排布置	1500	1000
	双排面对面布置	2000	1000
	双排背对背布置	1500	1500
抽屉式	单排布置	1800	1000
	双排面对面布置	2300	1000
	双排背对背布置	1800	1000

注　当建筑物墙面遇有柱类局部凸出时，凸出部位的通道宽度可减少200mm。

（5）在配电室内裸导体正上方不应布置灯具和明敷线路；当在配电室内裸导体上方布置灯具时，灯具与裸导体的水平净距不应小于1.0m，灯具不得采用吊链和软线吊装。

（6）高压配电装置的柜顶为裸母线分段时，两段母线分段处宜装设绝缘隔板，其高度不应小于0.3m。

三、变电站、线路以及发电厂内作业一般安全要求

（1）营销作业人员在变电站主控制室、高压室、开关箱等计量装置及其二

次回路上进行巡视、装拆、负荷测试、压降测试、校验、调试等作业时，都应执行本部分要求。

（2）作业前，应先分清相、零线，选好工作位置。断开导线时，应先断开相线，后断开零线。搭接导线时，顺序应相反。拆除导线的裸露部分后应立即进行绝缘包裹，不得触碰导线裸露部分。人体不得同时接触两根线头。

四、高压配电设备、线路作业一般安全要求

（1）进行配电设备停电的营销现场作业前，应断开可能送电到营销现场作业设备各侧的所有线路（包括客户线路）断路器、隔离开关和熔断器，并验电、接地后，才能进行工作。

（2）配电设备接地电阻不合格时，应戴绝缘手套方可接触箱体。

（3）配电设备应有防误闭锁装置，防误闭锁装置不准随意退出运行。

五、低压电气工作一般安全要求

（1）低压电气工作时应穿绝缘鞋和全棉长袖工作服，并戴低压作业防护手套、安全帽，使用绝缘工具；低压带电作业应戴护目镜，站在干燥的绝缘物上进行，对地保持可靠绝缘。

（2）低压电气工作前，应用测试良好的低压验电器或测电笔检验检修设备、金属外壳和相邻设备是否有电，任何未经验电的设备均视为带电设备。

（3）低压电气工作应采取措施防止误入相邻间隔、误碰相邻带电部分。

（4）低压电气工作时，拆开的引线、断开的线头应采取绝缘包裹等遮蔽措施。

（5）所有未接地或未采取绝缘遮蔽、断开点加锁挂牌等可靠措施隔绝电源的低压线路和设备都应视为带电。未经验明确无电压的，禁止触碰导体的裸露部分。

（6）低压带电作业使用的工具，在作业前必须仔细检查合格后方能使用，对于有缺陷的带电作业工具禁止继续使用。所有带电作业工具必须绝缘良好，连接牢固，转动灵活。其外裸露的导电部位应采取绝缘包裹措施，防止操作时相间或相对地短路；禁止使用锉刀、金属尺和带有金属物的毛刷、毛掸等工具。

六、客户侧现场作业一般安全要求

（1）客户侧现场作业必须严格执行安全组织和技术措施，严格工作计划刚性管理，严禁不具备资质的人员从事相关工作，禁止擅自操作客户设备。

（2）客户电气设备停、送电前，应由客户停送电联系人与供电方相关人员共同确认，禁止约时停送电。

（3）所有工作人员不许单独进入、滞留在客户高压室和室外高压设备区内。

（4）客户侧现场作业时，应有熟悉设备情况的客户人员全程陪同。

七、（新建）输变电工程计量相关工作一般安全要求

（1）变电站内进行计量验收等工作时，应要求施工方进行现场安全交底，做好相关安全技术措施，确认工作范围内的设备已停电、安全措施符合现场工作需要，明确设备带电与不带电部位、施工电源供电区域等。

（2）进入施工现场，应注意人体与高压设备带电部分应保持表 1-1 规定的安全距离。

（3）计量二次回路接线相关试验时，试验人员应具有试验专业知识，充分了解被试设备和所用试验设备、仪器的性能。试验设备应合格有效，不得使用有缺陷及有可能危及人身或设备安全的设备。

（4）通电试验过程中，试验和监护人员不得中途离开。

（5）试验电源应按电源类别、相别、电压等级合理布置，并在明显位置设立安全标志。

（6）在屏柜上拆接线时应在端子排外侧进行，拆开的线应包好，并注意防止误碰其他运行回路，禁止将运行中的电流互感器二次回路开路及电压互感器二次回路短路、接地。

（7）计量二次回路上的工作，指在电能计量装置、采集终端等设备上进行巡视、装拆、负荷测试、压降测试、校验、调试等工作。

（8）高压互感器现场校验工作主要包含变电站内一次设备区各电压等级互感器、GIS 组合互感器投运前校验、运用中周期性校验等工作。

八、电能表与采集终端的装拆、现场校验及相关工作一般安全要求

（1）电能表、采集终端装拆与调试时，宜断开各方面电源（含辅助电源）。若不停电进行作业，应做好绝缘包裹等有效隔离措施，防止误碰运行设备、误分闸。

（2）电源侧不停电更换电能表时，直接接入的电能表应将出线负荷断开，应有防止相间短路、相对地短路、电弧灼伤的措施。对于不具备电能表接插件的三相直接接入式计量箱，其三相直接接入式电能表装拆应停电进行。

（3）经互感器接入电能表的装拆、现场校验工作，应有防止电流互感器二次侧开路、电压互感器二次侧短路和防止相间短路、相对地短路、电弧灼伤的措施。

九、互感器的装拆、现场校验及相关工作一般安全要求

（1）互感器的安装、更换、拆除、现场校验应停电进行，且一次侧有明显的断开点，二次回路断开。试验时操作人员应站在绝缘垫上并进行呼唱，有防止反送电、防止人员触电的措施。

（2）电流互感器和电压互感器的二次绕组应有一点且仅有一点永久性的、可靠的保护接地。工作中，禁止将回路的永久接地点断开。低压电流互感器的二次回路不允许接地。

（3）互感器二次回路通电或耐压试验前应通知运维人员和其他有关人员，并派专人到现场看守，检查二次回路及一次设备上确无人工作后方可加压。

（4）在带电的电流互感器二次回路上工作，应采取措施防止电流互感器二次侧开路。短路电流互感器二次绕组时应使用短路片或短路线，禁止用导线缠绕。

（5）在带电的电压互感器二次回路上工作，应采取措施防止电压互感器二次侧短路或接地；接临时负载应装设专用的刀闸和熔断器。

（6）在邻近带电线路进行吊装作业时，应由专人指挥，分工明确，并注意吊臂回转半径引起的安全风险。

十、计量箱装拆及相关工作一般安全要求

（1）金属计量箱、配电箱应可靠接地且接地电阻应满足要求。作业人员在接触运行中的金属计量箱前，应检查接地装置是否良好，并用验电笔确认其确无电压后，方可接触。

（2）当发现计量箱、配电箱箱体带电时，应断开上一级电源将其停电，查明带电原因，并做相应处理。

（3）高低压同杆架设，在低压带电线路上装拆计量箱时，应先检查与高压线路的距离，采取防止误碰带电高压设备的措施。在低压带电导线未采取绝缘措施前，作业人员不准穿越。在不停电的计量箱上工作，应采取防止相间短路和单相接地的绝缘隔离措施，拆除导线的裸露部分后应立即进行绝缘包裹，不得触碰导线裸露部分。

十一、业扩报装相关工作一般安全要求

（1）业扩报装工作中，营销服务人员在公司产权设备范围内进行现场作业，应按照现场勘察要求，填用相应工作票。

（2）业扩报装工作中，营销服务人员在非公司产权设备范围内进行现场作业时，应填用现场作业工作卡。现场作业工作卡样例见附录A。

（3）工作必须由客户方或施工方熟悉环境和电气设备的人员配合进行。要求客户方或施工方进行现场安全交底，做好相关安全技术措施；确认工作范围内的安全措施符合现场工作需要。

（4）涉及多专业、多班组参与的项目，应由业扩负责人组织客户方或施工方对工作现场进行统一安全交底，明确职责，各专业负责落实相关安全措施和责任。业扩负责人应做好现场协调工作。

十二、客户服务相关工作一般安全要求

（1）客户服务时应填写现场作业工作卡。在按照有关法律法规开展客户服务（反窃查违）现场作业时，可不执行双许可制度，由供电方许可人许可后即可开展客户服务（反窃查违）相关工作。

（2）到达现场后，应向客户表明身份、出示证件并说明来意；作业前应向客户了解现场安全情况，宜有客户电气负责人全程陪同。

（3）客户服务人员进入客户现场时，应核准现场设备运行情况，明确安全检查通道；服务过程中应与带电线路和设备保持表1-1规定的安全距离。

（4）现场进行测试时，应实行工作监护制度，确保人身与设备安全。现场检查计量柜等带电设备时，应正确穿戴齐全且合格的劳动防护用品，检查高压带电设备时，不得强行打开闭锁装置。

（5）客户服务人员应避免直接触碰设备外壳，如确需触碰，应在确保设备外壳可靠接地的条件下进行。

（6）按政府部门要求协助重大活动相关客户开展巡视值守，应遵守《营销现场作业安全工作规程》相关安全工作要求。

十三、电动工具及安全工器具使用、检查、保管和试验工作一般安全要求

（1）作业人员应了解机具（电动工具）及安全工器具相关性能，熟悉其使用方法。

（2）现场使用的机具、安全工器具应经检验合格。

（3）机具的各种监测仪表以及制动器、限位器、安全阀、闭锁机构等安全装置应完好。

（4）机具在运行中不得进行检修或调整。禁止在运行中或未完全停止的情况下清扫、擦拭机具的转动部分。

（5）检修动力电源箱的支路开关、临时电源都应加装剩余电流动作保护装置。剩余电流动作保护装置应定期检查、试验、测试动作特性。

（6）施工机具和安全工器具应统一编号，专人保管，入库、出库、使用前应检查。禁止使用损坏、变形、有故障等不合格的机具和安全工器具。

（7）自制或改装以及主要部件更换或检修后的机具，应按其用途依据国家相关标准进行型式试验，经鉴定合格后方可使用。

十四、高处作业一般安全要求

（1）凡在坠落高度基准面2m及以上的高处进行的作业，都应视作高处作业。

（2）凡参加高处作业的人员，应每年进行一次体检。

（3）高处作业应搭设脚手架，使用高空作业车、升降平台或采取其他防止

坠落的措施。

（4）使用高空作业车、带电作业车、叉车、高处作业平台等进行高处作业时，高处作业平台应处于稳定状态，作业人员应使用安全带。移动车辆时，应将平台收回，作业平台上不得载人。高空作业车（带斗臂）使用前应在预定位置空斗试操作一次。

（5）高处作业应使用工具袋。上下传递材料、工器具应使用绳索，禁止上下投掷；邻近带电线路、设备作业的，应使用绝缘绳索传递。较大的工具应用绳拴在牢固的构件上，工件、边角余料应放置在牢靠的地方或用铁丝扣牢并有防止坠落的措施，不准随便乱放，以防止从高空坠落发生事故。

（6）高处作业使用的安全带应符合 GB 6095《安全带》的要求。

（7）高处作业区周围的孔洞、沟道等应设盖板、安全网或遮栏（围栏）并有固定其位置的措施；同时应设置安全标志，夜间还应设红灯示警。

（8）低温或高温环境下的高处作业，应采取保暖或防暑降温措施，作业时间不宜过长。

（9）在 5 级及以上的大风以及暴雨、雷电、冰雹、大雾、沙尘暴等恶劣天气下，应停止露天高处作业。特殊情况下，确需在恶劣天气进行抢修时，应制定相应的安全措施，经本单位批准后方可进行。

（10）在屋顶及其他危险的边沿工作，临空一面应装设安全网或防护栏杆，否则作业人员应使用安全带。

（11）峭壁、陡坡的工作场地或人行道上，冰雪、碎石、泥土应经常清理，靠外面一侧应设 1050～1200mm 高的栏杆，栏杆内侧设 180mm 高的侧板。

（12）高处作业，除有关人员外，他人不得在工作地点的下方通行或逗留，工作地点下方应有遮栏（围栏）或装设其他保护装置。若在格栅式的平台上工作，应采取有效隔离措施，如铺设木板等。

十五、营销服务场所消防安全管理一般安全要求

（1）营业厅、计量库房、充换电站等营销服务场所应建立岗位防火责任制，配齐消防措施，设置相应防火标志，落实专人负责管理，并按规定开展消防设施安全检查、火灾隐患整改以及消防应急预案编制、演练等工作。

（2）对在电网设备生产场所以及客户设备、场所进行的动火工作，应实行严格的消防安全管理。禁止在具有火灾、爆炸危险的场所使用明火；因特殊情

况需要进行电、气焊等明火作业的，应严格按照《国家电网公司电力安全工作规程》有关规定执行。可以采用不动火的方法替代而能够达到同样效果时，宜采用替代方法处理。

（3）应当建立健全营销服务场所消防档案，内容包括消防安全责任人、消防安全制度、消防设施与灭火器材情况、灭火和应急疏散预案、应急演练记录、火灾隐患及其整改情况记录、防火检查及巡查记录、消防安全培训记录等，根据情况变化及时更新。

（4）充换电站、计量库房、实验室、营业厅等处不得存放易燃、易爆物品，因施工需要放在设备区的易燃、易爆物品应加强管理，并按规定要求使用，施工后立即运走。

（5）营销服务场所应根据消防法规的有关规定，组织或配合开展消防业务学习和灭火技能训练，提高预防和扑救火灾的能力。

（6）在供用电合同中应明确供用电双方应承担的消防安全责任。

第二节　仪器仪表的安全使用

一、携带型仪器

（1）使用携带型仪器在高压回路上进行工作，至少由两人进行。需要高压设备停电或做安全措施的，应填用变电站（发电厂）第一种工作票或填用配电第一种工作票。

（2）除使用特殊仪器外，所有使用携带型仪器的测量工作，均应在电流互感器和电压互感器的二次侧进行。

（3）电流表、电流互感器及其他测量仪表的接线和拆卸，需要断开高压回路者，应将此回路所连接的设备和仪器全部停电后，方能进行。

（4）电压表、携带型电压互感器和其他高压测量仪器的接线和拆卸无需断开高压回路者，可以带电工作，但应使用耐高压的绝缘导线，导线长度应尽可能缩短，不准有接头，并应连接牢固，以防接地和短路。必要时用绝缘物加以固定。

使用电压互感器进行工作时，应先将低压侧所有接线接好，然后用绝缘工具将电压互感器接到高压侧。工作时应戴手套和护目眼镜，站在绝缘垫上，并应有专人监护。

（5）连接电流回路的导线截面应适合所测电流数值；连接电压回路的导线截面不得小于 1.5mm²。

（6）非金属外壳的仪器应与地绝缘，金属外壳的仪器和变压器外壳应接地。

（7）测量用装置必要时应设遮栏或围栏，并悬挂"止步，高压危险！"的标示牌。仪器的布置应使工作人员距带电部位不小于表 1-1 规定的安全距离。

二、钳形电流表

（1）作业人员使用钳形电流表的测量工作，应由两人进行。非运维人员测量时，应填用变电站（发电厂）第二种工作票或填用配电第二种工作票。

（2）在高压回路上测量时，禁止用导线从钳形电流表另接表计测量。

（3）测量时若需拆除遮栏，应在拆除遮栏后立即进行测量；工作结束，应立即将遮栏恢复原状。

（4）使用钳形电流表时，应注意钳形电流表的电压等级。测量时戴绝缘手套，站在绝缘垫上，不得触及其他设备，以防短路或接地。

观测表计时，要特别注意保持头部与带电部分的安全距离。

（5）测量低压熔断器和水平排列低压母线电流时，测量前应将各相熔断器和母线用绝缘材料加以保护隔离，以免引起相间短路，同时应注意不得触及其他带电部分。

测量高压电缆各相电流，电缆头线间距离应大于 300mm，且绝缘良好、测量方便。当有一相接地时，禁止测量。

（6）钳形电流表应保存在干燥的室内，使用前要擦拭干净。

三、绝缘电阻表

（1）使用绝缘电阻表测量高压设备绝缘应由两人进行。

（2）测量用的导线应使用相应的绝缘导线，其端部应有绝缘套。

（3）测量绝缘时，应将被测设备从各方面断开，验明无电压，确实证明设备无人工作后方可进行。在测量中禁止他人接近被测设备。

在测量绝缘前后，应将被测设备对地放电。

（4）在带电设备附近测量绝缘电阻时，测量人员和绝缘电阻表的安放位置应选择适当，保持安全距离，以免绝缘电阻表引线或引线支持物触碰带电部分。移动引线时应注意监护，防止工作人员触电。

（5）测量线路绝缘电阻时，应在取得许可并通知对侧后进行。在有感应电压的线路上测量绝缘电阻时，应将相关线路停电方可进行。

四、万用表

（1）测试时不要用手触及表笔的金属部分，以保证安全和测量的准确度。

（2）测试高电压或大电流时，不能在测试时旋动转换开关，避免转换开关的触头产生电弧而损坏开关。

（3）使用$\Omega \times 1$档时，调整零欧姆调整器的时间要尽量短，以延长电池寿命。这时表内电池的电流很大，可达100mA左右。

（4）万用表测量完毕，应将转换开关拨到空档或交流电压的最大量程档，以防测电压时忘记拨转换开关，用电阻挡去测电压，将万用表烧坏或危及人身安全。

（5）保持万用表清洁、干燥，不要放在高温和有强磁场的地方，携带、使用时要轻拿轻放。

五、数字双钳相位伏安表

（1）使用时应由两人进行，测量时戴手套和安全帽，站在绝缘垫上，不得触及其他设备，以防短路或接地。

（2）不得在测量电流的情况下切换量程开关。

（3）不得在输入被测电压时在表壳上拔插电压、电流测试线。

六、相序表

（1）当任一测试线已经与三相电路接通时，应避免用手触及其他测试线的金属端，防止发生触电。

（2）测量时，L1、L2、L3三支表笔顺序不能错，否则会影响测试结果。

（3）应在允许电压范围内进行测量，否则可能损坏相序表或测试结果不准确。

（4）对于有接电按钮的相序表，不宜长时间按住按钮不放，以防烧坏触点。

（5）如果接线良好，相序表铝盘不转动或接电指示灯未全亮，表示其中一相断相。

七、用电检查（稽查）仪（单相、三相）

（1）正确连接测试探头与测试源，注意安全，防止触电和短路。

（2）在进行连接时需特别注意电压测试线的颜色与主机插座的颜色必须一致。同样，电压测试探头的颜色也应相互配合。

（3）黑色测试线连接主机黑色插座和黑色电压测试探头，接测试源的 N 线。

（4）使用完后及时放入机箱内。

第三节　现场标准化作业指导书（卡）的编制和应用

编制和执行标准化作业指导书是实现现场标准化作业的具体形式和方法。标准化作业指导书应突出安全和质量两条主线，对现场作业活动的全过程进行细化、量化、标准化，保证作业过程安全和质量处于"可控、在控"状态，达到事前管理、过程控制的要求和预控目标。现场作业指导书对作业计划、准备、实施、总结等各个环节，明确具体操作的方法、步骤、措施、标准和人员责任，依据工作流程组合成执行文件。

一、现场标准化作业指导书（卡）的编制原则和依据

1. 现场标准化作业指导书的编制原则

按照电力安全生产有关法律法规、技术标准和《国家电网公司现场标准化作业指导书编制导则》的要求，作业指导书的编制应遵循以下原则：

（1）坚持"安全第一、预防为主、综合治理"的方针，体现凡事有人负责、凡事有章可循、凡事有据可查、凡事有人监督。

（2）符合安全生产法规、规定、标准、规程的要求，具有实用性和可操作性。概念清楚、表达准确、文字简练、格式统一，且含义具有唯一性。

（3）现场作业指导书的编制应依据生产计划和现场作业对象的实际，进行

危险点分析，制定相应的防范措施。体现对现场作业的全过程控制，体现对设备及人员行为的全过程管理。

（4）现场作业指导书应在作业前编制，注重策划和设计，量化、细化、标准化每项作业内容。集中体现工作（作业）要求具体化、工作人员明确化、工作责任直接化、工作过程程序化，做到作业有程序、安全有措施、质量有标准、考核有依据，并起到优化作业方案，提高工作效率、降低生产成本的作用。

（5）现场作业指导书应以人为本，贯彻安全生产健康环境质量管理体系（SHEQ）的要求，应规定保证本项作业安全和质量的技术措施、组织措施、工序及验收内容。

（6）现场作业指导书应结合现场实际由专业技术人员编写，由相应的主管部门审批，编写、审核、批准和执行应签字齐全。

2. 现场标准化作业指导书的编制依据

（1）安全生产法律、法规、规程、标准及设备说明书。

（2）缺陷管理、反措要求、技术监督等企业管理规定和文件。

二、现场标准化作业指导书的结构内容及格式

现场标准化作业指导书由封面、范围、引用文件、修前准备、流程图、作业程序和工艺标准、检修记录、指导书执行情况评估和附录9项内容组成。现场标准化作业指导书范例见附录B。

1. 封面

现场标准化作业指导书封面由作业名称、编号、编写人及时间、审核人及时间、批准人及时间、作业负责人、作业工期、编写单位8项内容组成。其中：

（1）作业名称包含作业地点、设备的电压等级、编号及作业的性质。

（2）编号应具有唯一性和可追溯性，便于查找。可采用企业标准编号，Q/×××，位于封面的右上角。

（3）审核人及时间：审核人负责作业指导书的审核，对编写的正确性负责；在指导书审核人一栏内签名，并注明审核时间。

（4）批准人及时间：作业指导书执行的许可人在指导书批准人一栏内签名，并注明批准时间。

（5）作业负责人：负责组织执行作业指导书，对作业的安全、质量负责；并在指导书作业负责人一栏内签名。

（6）作业工期：指现场作业具体工作时间。

（7）编制部门：指作业指导书的具体编制单位。

2. 范围

对作业指导书的应用范围做出具体的规定。

3. 引用文件

明确编写作业指导书所引用的法规、规程、标准、设备说明书及企业管理规定和文件（按标准格式列出）。

4. 修前准备

（1）准备工作安排：

1）明确作业项目、确定作业人员并组织学习作业指导书；

2）确定准备检修所需物品的时间和要求；

3）核定工作票、动火票的时间和要求；

4）确定现场定置摆放的时间和要求。

（2）作业人员要求：

1）规定工作人员的精神状态；

2）规定工作人员的资格，包括作业技能、安全资质和特殊工种资质。

（3）备品备件：根据检修项目，确定所需的备品备件。

（4）工器具：包括专用工具、常用工器具、仪器仪表、电源设施、消防器材等。

（5）材料：包括消耗性材料、装置性材料等。

（6）定置图及围栏图：规定检修现场所需材料、工器具的放置位置及现场围栏装设位置。

（7）危险点分析，包括：

1）作业场地的特点，如带电、交叉作业、高空等可能给作业人员带来的危险因素；

2）工作环境的情况，如高温、高压、易燃、易爆、有害气体、缺氧等，可能给工作人员安全健康造成的危害；

3）工作中使用的机械、设备、工具等可能给工作人员带来的危害或设备异常；

4）操作程序、工艺流程颠倒及操作方法的失误等可能给工作人员带来的危害或设备异常；

5）作业人员的身体状况不适、思想波动、不安全行为、技术水平能力不足等可能带来的危害或设备异常；

6）其他可能给作业人员带来危害或造成设备异常的不安全因素。

（8）安全措施，有如下规定：

1）保护试验过程中与相邻屏柜的隔离措施；

2）各类工器具、试验仪器使用措施；

3）特殊工作措施，如高空作业、电气焊、油气处理、汽油的使用管理等；

4）专业交叉作业措施，如高压试验、保护传动等；

5）对危险点、相邻带电部位所采取的措施；

6）工作票中所规定的安全措施；

7）规定着装。

（9）人员分工：明确作业人员所承担的具体作业任务。

5. 流程图

将现场作业的全过程以最佳的顺序，对作业项目完成时间进行量化，明确完成时间和责任人，而形成的作业流程。

6. 作业程序及作业标准

（1）开工，内容包括：

1）规定办理开工许可手续前应检查落实的内容；

2）规定开工会的内容；

3）规定现场到位人员。

（2）检修电源的使用，内容包括：

1）规定电源接取的位置；

2）规定配电箱的配置；

3）规定接取电源的注意事项；

4）对导线的要求。

（3）动火，内容包括：

1）规定动火人员的资格、防护措施；

2）规定消防措施；

3）规定动火前的检查项目。

（4）作业内容和工艺标准：按照作业流程图，对每一个检修项目明确工艺标准、安全措施及注意事项，记录结果和责任人。

（5）竣工：规定工作结束后的注意事项，如清理工作现场、关闭检修电源、清点工具、回收材料、办理工作票终结等。

7. 验收记录

（1）记录改进和更换的零部件。

（2）存在问题及处理意见。

（3）检修班组验收意见及签字。

（4）运行单位验收意见及签字。

（5）检修车间验收意见及签字。

（6）公司验收意见及签字。

8. 作业指导书执行情况评估

（1）对指导书的符合性、可操作性进行评价。

（2）对可操作项、不可操作项、修改项、遗漏项、存在问题做出统计。

（3）提出改进意见。

9. 附录

（1）设备主要技术参数。

（2）调试数据记录。

现场标准化作业指导书范例见附录 B。

三、标准化作业指导书现场执行卡的编制

按照"简化、优化、实用化"的要求，现场标准化作业根据不同的作业类型，采用风险控制卡、工序质量控制卡，重大检修项目应编制施工方案。风险控制卡、工序质量控制卡统称为现场执行卡。

现场执行卡的编写和使用应遵守以下原则：

（1）符合安全生产法规、规定、标准、规程的要求，具有实用性和可操作性；内容应简单、明了、无歧义。

（2）应针对现场和作业对象的实际进行危险点分析，制定相应的防范措施，体现对现场作业的全过程控制，对设备及人员行为实现全过程管理，不能简单照搬照抄范本。

（3）现场执行卡的使用应体现差异化，根据作业负责人技能等级区别使用

不同级别的现场执行卡。

（4）应重点突出现场安全管理，强化作业中工艺流程的关键步骤。

（5）原则上，凡使用工作票的停电检修作业，应同时对应每份工作票编写和使用一份现场执行卡。对于部分作业指导书包含的复杂作业，也可根据现场实际需要对应一份或多份现场执行卡。

（6）涉及多专业的作业，各有关专业要分别编制和使用各自专业的现场执行卡，现场执行卡在作业程序上应能实现相互之间的有机结合。

现场执行卡采用分级编制原则，根据工作负责人的技能水平和工作经验使用不同等级的现场执行卡。设定工作负责人等级区分办法，根据各工作负责人的技能等级和工作经验及能力综合评定，并每年审核下发负责人等级名单。工作负责人应依据单位认定的技能等级采用相应的现场执行卡。

四、标准化作业指导书（现场执行卡）的应用

列入生产计划的各类现场作业均必须使用经过批准的现场标准化作业指导书（现场执行卡），各单位在遵循现场标准化作业基本原则的基础上，根据实际情况对现场标准化作业指导书（现场执行卡）的使用做出明确规定，并可以采用必要的方便现场作业的措施。

（1）现场标准化作业指导书（现场执行卡）在使用前必须进行专题学习和培训，保证作业人员熟练掌握作业程序和各项安全、质量要求。

（2）在现场作业实施过程中，工作负责人对现场标准化作业指导书（现场执行卡）按作业程序的正确执行负全面责任。工作负责人应亲自或指定专人按现场执行步骤填写、逐项打勾和签名，不得跳项和漏项，并做好相关记录。有关人员也必须履行签字手续。

（3）依据现场标准化作业指导书（现场执行卡）进行工作过程中，如发现与现场实际、相关图纸及有关规定不符等情况时，应由工作负责人根据现场实际情况及时修改现场标准化作业指导书（现场执行卡），并经现场标准化作业指导书（现场执行卡）审批人同意后，方可继续按现场标准化作业指导书（现场执行卡）进行作业。作业结束后，现场标准化作业指导书（现场执行卡）审批人应履行补签字手续。

（4）依据现场标准化作业指导书（现场执行卡）进行工作的过程中，如发现设备存在事先未发现的缺陷和异常，应立即汇报工作负责人并进行详细分

析，制定处理意见，并经现场标准化作业指导书（现场执行卡）审批人同意后，方可进行下一项工作。设备缺陷或异常情况及处理结果应详细记录在场标准化作业指导书（现场执行卡）中。作业结束后，现场标准化作业指导书（现场执行卡）审批人应履行补签字手续。

（5）作业完成后，工作负责人应对现场标准化作业指导书（现场执行卡）的应用情况做出评估，明确修改意见并在作业完工后及时反馈给现场标准化作业指导书（现场执行卡）编制人。

（6）事故抢修、紧急缺陷处理等突发临时性工作，应尽量使用现场标准化作业指导书（现场执行卡）。在条件不允许的情况下，可不使用现场标准化作业指导书（现场执行卡），但要按照标准化作业的要求，在工作开始前进行危险点分析并采取相应的安全措施。

（7）对大型、复杂、不常进行、危险性较大的作业，应编制风险控制卡、工序质量控制卡和施工方案，并同时使用作业指导书。

对危险性相对较小的作业，规模一般的作业，单一设备的简单和常规作业，作业人员较熟悉的作业，应在对作业指导书进行充分熟悉的基础上编制和使用现场执行卡。

五、标准化作业指导书（现场执行卡）的管理

标准化作业应按分层管理原则对现场标准化作业指导书（现场执行卡）明确归口管理部门。公司各单位应明确现场标准化作业指导书（现场执行卡）管理的负责人、专责人，负责现场标准化作业的严格执行。

（1）现场标准化作业指导书一经批准，不得随意更改。如因现场作业环境发生变化、指导书与实际不符等情况需要更改时，必须立即修订并履行相应的批准手续后才能继续执行。

（2）执行过的标准化作业指导书（现场执行卡）应经评估、签字、主管部门审核后存档。检修作业指导书保存不少于一个检修周期。

（3）现场标准化作业指导书实施动态管理，应及时进行检查总结、补充完善。作业人员应及时填写使用评估报告，对指导书的针对性、可操作性进行评价，提出改进意见，并结合实际进行修改。工作负责人和归口管理部门应对作业指导书的执行情况进行监督检查，并定期对作业指导书及其执行情况进行评估，将评估结果及时反馈给编写人员，以指导日后的编写。

（4）对于未使用现场标准化作业指导书进行的事故抢修、紧急缺陷处理等突发临时性工作，应在工作完成后及时补充编写针对性现场标准化作业指导书，用于今后类似工作。

（5）积极探索、采用现代化的管理手段，开发现场标准化作业管理软件，逐步实现现场标准化作业信息网络化。

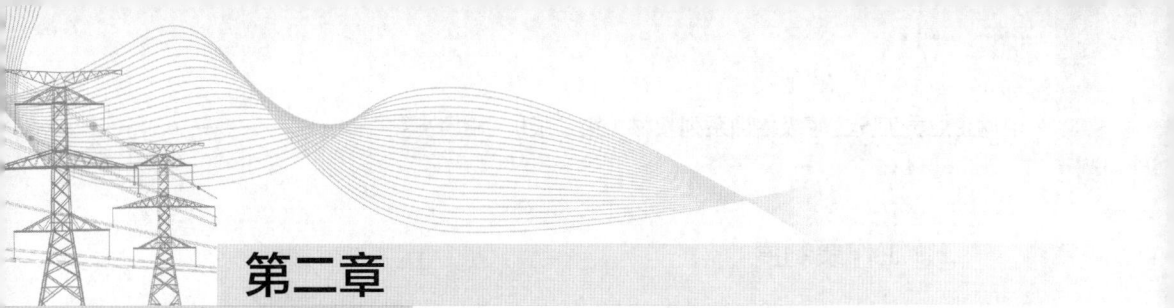

第二章

保证安全的组织措施和技术措施

第一节　保证安全的组织措施

营销现场作业保证安全的组织措施包括现场勘察制度、工作票制度、工作许可制度、工作监护制度、工作间断、转移制度和工作终结制度。

一、现场勘察制度

（1）对于营销现场作业，工作票签发人或工作负责人认为有必要进行现场勘察的，应根据工作任务组织现场勘察，并填写现场勘察记录。

（2）现场勘察应由工作票签发人或工作负责人组织，工作负责人、设备运维管理单位（含客户）和检修（施工）单位相关人员参加。对涉及多专业、多部门、多单位的作业项目，应由项目主管部门、单位组织相关人员共同参与。

（3）现场勘察应查看现场作业需要停电的范围、保留的带电部位、装设接地线的位置、邻近线路、多电源、自备电源、地下管线设施和作业现场的条件、环境及其他影响作业的危险点，并提出针对性的安全措施和注意事项。

根据现场勘查结果，对危险性、复杂性和困难程度较大的作业项目，应编制组织措施、技术措施、安全措施，经本单位批准后执行。

（4）现场勘察后，现场勘察记录应送交工作票签发人、工作负责人及相关各方，作为填写、签发工作票等的依据。

（5）开工前，工作负责人或工作票签发人应重新核对现场勘察情况，发现与原勘察情况有变化时，应及时修正、完善相应的安全措施。

二、工作票制度

1. 营销现场作业方式

（1）填用变电第一种工作票。

（2）填用变电第二种工作票。

（3）填用配电第一种工作票。

（4）填用配电第二种工作票。

（5）填用低压工作票。

（6）填用现场作业工作卡。

（7）使用其他书面记录或按电话命令执行。

2. 填用变电第一种工作票的工作

在变电作业现场进行营销工作，且符合以下条件之一时，应填用变电第一种工作票：

（1）高压线路、设备上工作，需要全部停电或部分停电者。

（2）二次系统上工作，需要将高压设备停电或做安全措施者。

（3）其他工作需要将高压设备停电或做安全措施者。

3. 填用变电第二种工作票的工作

在变电作业现场进行营销工作，且符合以下条件之一时，应填用变电第二种工作票：

（1）控制盘和低压配电盘、配电箱、电源干线上的工作。

（2）二次系统上的工作，无需将高压设备停电者或做安全措施者。

（3）大于表 1-1 规定距离的相关场所和带电设备外壳上的工作以及无可能触及带电设备导电部分的工作。

4. 填用配电第一种工作票的工作

在配电作业现场进行营销工作，需要将高压线路、设备停电或做安全措施者，应填用配电第一种工作票。

5. 填用配电第二种工作票的工作

在高压配电（含相关场所及二次系统）营销工作，与邻近带电高压线路或设备的距离大于表 1-1 规定，不需要将高压线路、设备停电或做安全措施者，应填用配电第二种工作票。

6. 填用低压工作票的工作

在低压线路、设备（不含在发电厂、变电站内的低压设备）上工作，不需要将高压线路、设备停电或做安全措施者，应填用低压工作票。

7. 填用现场作业工作卡的工作

在客户侧开展业扩报装、客户服务、分布式电源、充电设备检修（试验）、综合能源等相关工作，应填用现场作业工作卡。

8. 使用其他书面记录或按口头电话命令执行

（1）在开展不需要停电，不存在接触带电部位风险的抄表催费、客户服务、涂改编号等工作时，可不使用工作票或现场作业工作卡，但应以其他形式记录相应的操作和工作等内容。

（2）其他记录形式包括作业指导书（卡）、派工单、任务单、工作记录等。

（3）按电话命令执行的工作应留有录音或书面派工记录。记录内容应包含指派人、工作人员（负责人）、工作任务、工作地点、派工时间、工作结束时间、安全措施（注意事项）及完成情况等内容。

9. 工作票的填写与签发

（1）工作票由工作负责人填写，也可由工作票签发人填写。

（2）工作票采用手工方式填写时，应用黑色或蓝色的钢（水）笔或圆珠笔填写和签发，至少一式两份。工作票票面上的时间、工作地点、线路名称、设备双重名称、动词等关键字不得涂改。若有个别错、漏字需要修改、补充时，应使用规范的符号，字迹应清楚。

用计算机生成或打印的工作票应使用统一的票面格式。

工作票的填写与签发可采用线上电子化的方式进行。电子化工作票的票面应清晰可见，工作票签发等相关手续应能够正常履行，其他填写要求与手工方式相同。

（3）工作票应由工作票签发人审核，手工或电子签发后方可执行。

（4）对于电网侧的营销现场作业，工作票由设备运维管理单位签发，也可由经设备运维管理单位审核合格且经批准的检修（施工）单位签发。检修（施工）单位的工作票签发人、工作负责人名单应事先送设备运维管理单位、调度控制中心备案。

（5）对于承、发包工程，工作票应实行双签发。签发工作票时，双方工作票签发人在工作票上分别签名，各自承担相应的安全责任。

（6）一张工作票中，工作票签发人、工作许可人和工作负责人三者不得为同一人。若相互兼任，应具备相应的资质，并履行相应的安全责任。

1）填用变电工作票时，工作许可人与工作负责人不得互相兼任。

2）填用配电工作票或低压工作票时，工作许可人中只有现场工作许可人（作为工作班成员之一，进行该工作任务所需现场操作及做安全措施者）可与工作负责人相互兼任。

（7）变电第一种工作票所列工作地点超过两个，或有两个及以上不同的工作单位（班组）在一起工作时，可采用总工作票和分工作票。总、分工作票应由同一个工作票签发人签发。总工作票上所列的安全措施应包括所有分工作票上所列的安全措施。几个班同时进行工作时，总工作票的工作班成员栏内只填明各分工作票的负责人，不必填写全部工作班人员姓名。分工作票上要填写工作班人员姓名。

总、分工作票在格式上与第一种工作票一致。

分工作票应一式两份，由总工作票负责人和分工作票负责人分别收执。分工作票的许可和终结由分工作票负责人与总工作票负责人办理。分工作票应在总工作票许可后才可许可；总工作票应在所有分工作票终结后才可终结。

（8）配电工作票一个工作负责人不能同时执行多张工作票。若一张工作票下设多个小组工作，工作负责人应指定每个小组的小组负责人（监护人），并使用配电工作任务单。

工作任务单应一式两份，由工作票签发人或工作负责人签发。工作任务单由工作负责人许可，一份由工作负责人留存，一份交小组负责人。工作结束后，由小组负责人向工作负责人办理工作结束手续。

工作票上所列的安全措施应包括所有工作任务单上所列的安全措施。几个小组同时工作，使用工作任务单时，工作票的工作班成员栏内可只填写各工作任务单的小组负责人姓名。工作任务单上应填写本工作小组人员姓名。

10. 工作票的使用

（1）以下情况可使用一张变电第一种工作票：

1）同一变电站内，全部停电或属于同一电压等级、位于同一平面场所、同时停送电，工作中不会触及带电导体的几个电气连接部分上的工作。

2）同一高压配电站、开闭所内，全部停电或属于同一电压等级、同时停送电、工作中不会触及带电导体的几个电气连接部分上的工作。

（2）以下情况可使用一张变电第二种工作票：同一变电站内在几个电气连接部分上依次进行不停电的同一类型的工作。

（3）以下情况可使用一张配电第一种工作票：

1）配电变压器及与其连接的高低压配电线路、设备上同时停送电工作。

2）同一天在几处同类型高压配电站、开闭所、箱式变电站、柱上变压器等配电设备上依次进行的同类型停电工作。同一张工作票多点工作，工作票上的工作地点、线路名称、设备双重名称、工作任务、安全措施应填写完整。不同工作地点的工作应分栏填写。

（4）以下情况可使用一张配电第二种工作票：

1）同一电压等级、同类型、相同安全措施且依次进行的不同配电工作地点上的不停电工作。

2）同一高压配电站、开闭所内，在几个电气连接部分上依次进行的同类型不停电工作。

（5）对同一天、相同安全措施的多个低压营销作业现场的工作，可使用一张低压工作票。

（6）工作负责人应提前知晓工作票内容，并做好工作准备。客户侧营销现场作业时，供电方作业人员应会同客户检查现场所做的安全措施，对具体的设备指明实际的隔离措施，证明检修设备确无电压。

（7）工作许可时，一份工作票由工作负责人收执，其余工作票留存在工作票签发人或工作许可人处。工作期间，工作票应始终保留在工作负责人手中。

（8）在原工作票的停电及安全措施范围内增加工作任务时，应由工作负责人征得工作票签发人和工作许可人同意，并在工作票上增填工作项目。若需变更或增设安全措施，应填用新的工作票，并重新履行签发、许可手续。

（9）变更工作负责人或增加工作任务，若工作票签发人和工作许可人无法当面办理，应通过电话联系，并在工作票登记簿和工作票上注明。

（10）第一种工作票应在工作前一天送达设备运维管理单位（包括信息系统送达）；通过传真送达的工作票，其工作许可手续应待正式工作票送到后履行。第二种工作票、低压工作票可在进行工作的当天预先交给工作许可人。

（11）已终结的工作票、现场勘察记录至少应保存1年。

11. 工作票的有效期与延期

（1）工作票的有效期以批准的计划工作时间为限，批准的计划工作时间为调度控制中心或设备运维管理单位批准的开工至完工时间。

（2）办理工作票延期手续，应在工作票的有效期内，由工作负责人向工作许可人（运维负责人）提出申请，得到同意后给予办理；不需要办理许可手续的配电第二种工作票，由工作负责人向工作票签发人提出申请，得到同意后给予办理。

（3）工作票只能延期一次，延期手续应记录在工作票上。

12. 工作票所列人员的基本条件

（1）工作票签发人应由熟悉人员技术水平、熟悉设备情况、熟悉《国家电网有限公司营销现场作业安全工作规程（试行）》，并具有相关工作经验的营销领导、技术人员或经本单位批准的人员担任，名单应公布。

（2）工作负责人应由有本专业工作经验、熟悉工作范围内的设备情况、熟悉《国家电网有限公司营销现场作业安全工作规程（试行）》，并经营销部门批准的人员担任，名单应公布。工作负责人还应熟悉工作班成员的技术水平。

（3）工作许可人应由熟悉工作范围内的接线方式、设备情况、熟悉《国家电网有限公司营销现场作业安全工作规程（试行）》，并经相关单位批准的人员担任，名单应公布。

工作许可人包括值班调控人员、运维人员、营销人员、相关变配电站（含客户变、配电站）和发电厂运维人员、配合停电线路许可人及现场许可人等。客户变、配电站的工作许可人应是持有效证书的高压电气工作人员。

（4）专责监护人应由具有相关专业工作经验，熟悉工作范围内的设备情况和《国家电网有限公司营销现场作业安全工作规程（试行）》的人员担任。

13. 工作票所列人员（含客户侧）的安全责任

（1）工作票签发人：

1）确认工作必要性和安全性。

2）确认工作票上所列安全措施正确完备。

3）确认所派工作负责人和工作班成员适当、充足。

（2）工作负责人：

1）正确组织工作。

2）检查工作票所列安全措施是否正确完备，是否符合现场实际条件，必要时予以补充完善。

3）工作前，对工作班成员进行工作任务、安全措施交底和危险点告知，并确认每个工作班成员都已签名。

4）组织执行工作票所列由其负责的安全措施（含客户所做安全措施）。

5）监督工作班成员遵守《国家电网有限公司营销现场作业安全工作规程（试行）》，正确使用劳动防护用品和安全工器具以及执行现场安全措施。

6）关注工作班成员身体状况和精神状态是否出现异常，人员变动是否合适。

（3）工作许可人：

1）审票时，确认工作票所列安全措施是否正确完备，对工作票所列内容产生疑问时，应向工作票签发人询问清楚，必要时予以补充。

2）保证由其负责的停、送电和许可工作的命令正确。

3）确认由其负责的安全措施正确实施。

（4）专责监护人：

1）明确被监护人员和监护范围。

2）工作前，对被监护人员交待监护范围内的安全措施、告知危险点和安全注意事项。

3）监督被监护人员遵守《国家电网有限公司营销现场作业安全工作规程（试行）》和执行现场安全措施，及时纠正被监护人员的不安全行为。

（5）工作班成员：

1）熟悉工作内容、工作流程，掌握安全措施，明确工作中的危险点，并在工作票上履行交底签名确认手续。

2）服从工作负责人、专责监护人的指挥，严格遵守《国家电网有限公司营销现场作业安全工作规程（试行）》和劳动纪律，在指定的作业范围内工作，对自己在工作中的行为负责，互相关心工作安全。

3）正确使用施工机具、安全工器具和劳动防护用品。

此外，使用现场作业工作卡的营销现场作业，现场作业工作卡中所列人员的基本条件和安全责任与工作票要求相同。

对于同一个工作日，临时性增加的符合填用现场作业工作卡的工作，可由工作负责人在现场作业工作卡中增列工作记录，记录内容应包含工作地点、工作指派人、派工时间、现场作业类型、工作现场风险点分析、安全措施（注意事项）及完成情况等。

三、工作许可制度

（1）工作许可人应在完成工作票所列由其负责的停电和装设接地线等安全措施后，方可发出许可工作的命令。

（2）工作许可人在向工作负责人发出许可工作的命令前，应记录工作班组名称、工作负责人姓名、工作地点和工作任务。

（3）现场办理工作许可手续前，工作许可人应与工作负责人核对线路名称、设备双重名称，检查核对现场安全措施，指明保留带电部位。

（4）填用第一种工作票的工作，应得到全部工作许可人的许可，并由工作负责人确认工作票所列当前工作所需的安全措施全部完成后，方可下令开始工作。所有许可手续（工作许可人姓名、许可方式、许可时间等）均应记录在工作票上。

（5）客户现场作业时，应执行工作票双许可制度。客户服务（反窃查违）现场作业可不执行"双许可"制度，由供电方许可人许可后即可开展客户服务（反窃查违）相关工作。

高压客户方许可人由客户具备资质的电气工作人员担任，也可由客户委托承装（修、试）客户设备的施工方具备资质的电气人员担任。

工作许可人对工作票中所列安全措施的正确性、完备性，现场安全措施的完善性以及现场停电设备有无突然来电的危险等内容负责，经双方签字确认后方可开始工作。

（6）客户侧设备检修，需电网侧设备配合停电时，应得到客户停送电联系人的书面申请，经批准后方可停电。在电网侧设备停电措施实施后，由电网侧设备的运维管理单位或调度控制中心负责向客户停送电联系人许可。

恢复送电，应接到原客户停送电联系人的工作结束报告，做好录音并记录后方可进行。

（7）在客户设备上工作，许可工作前，工作负责人应检查确认客户设备的当前运行状态、安全措施符合作业的安全要求。作业前检查多电源和有自备电源的客户已采取机械或电气联锁等防止反送电的强制性技术措施。

（8）许可开始工作的命令应通知工作负责人，方法可采用：

1）当面许可。工作许可人和工作负责人应在工作票上记录许可时间，并分别签名。采用电子化工作票的，应在电子化工作票上履行电子化许可手续。

2）电话许可。工作所需安全措施可由工作人员自行布置，工作许可人和工作负责人应分别记录许可时间和双方姓名，复诵核对无误，并录音。工作结束后应汇报工作许可人。

（9）工作负责人、工作许可人任何一方不得擅自变更运行接线方式和安全措施，工作中若有特殊情况需要变更时，应先取得对方同意，并及时恢复，变更情况应及时记录在值班日志或工作票上。

（10）禁止约时停、送电。

四、工作监护制度

（1）工作许可后，工作负责人、专责监护人应向工作班成员交待工作内容、人员分工、带电部位和现场安全措施，告知危险点，并履行签名确认手续，方可下达开始工作的命令。

（2）工作负责人、专责监护人应始终在工作现场。

（3）现场作业人员（包括工作负责人）不宜单独进入或滞留在高压配电室、开闭所等带电设备区域内。若工作需要（如二次压降测试、回路导通试验等），而且现场设备允许时，可以准许工作班中有实际经验的一个人或几人同时在他室进行工作，但工作负责人应在事前将有关安全注意事项予以详尽的告知。

（4）工作票签发人、工作负责人对有触电危险、检修（施工）复杂容易发生事故的工作应增设专责监护人，并确定其监护的人员和工作范围。

专责监护人不得兼做其他工作。专责监护人临时离开时，应通知被监护人员停止工作或离开工作现场，待专责监护人回来后方可恢复工作。专责监护人需长时间离开工作现场时，应由工作负责人变更专责监护人，履行变更手续，并告知全体被监护人员。

（5）工作期间，工作负责人若需暂时离开工作现场，应指定能胜任的人员临时代替，离开前应将工作现场交待清楚，并告知全体工作班成员。原工作负责人返回工作现场时，也应履行同样的交接手续。

工作负责人若需长时间离开工作现场时，应由原工作票签发人变更工作负责人，履行变更手续，并告知全体工作班成员及所有工作许可人。原、现工作负责人应履行必要的交接手续，并在工作票上签名确认。

（6）工作班成员的变更应经工作负责人同意，并在工作票上做好变更记录；中途新加入的工作班成员，应由工作负责人、专责监护人对其进行安全交底并履行确认手续。

（7）关键风险点管控制度。《国家电网有限公司作业安全风险预警管控工作规范（试行）》根据可预见风险的可能性、后果严重程度，将作业安全风险分为一到五级，即稍有风险、一般风险、显著风险、高度风险、极高风险（风险等级由低到高分别为一到五级）。

对于作业安全风险等级在三级风险及以上的营销现场作业，应执行关键风险点管控。即对应的营销现场作业计划应提前填报，填报作业计划时应由工作负责人明确作业过程中的关键风险点，并经工作票签发人、工作许可人审核确认。

当营销现场工作进入到关键风险点作业环节时，应由工作负责人或专责监护人进行重点监护，并认真对关键风险点的作业安全防护准备情况、执行情况进行检查、验收。主要营销现场作业类型与风险等级对应关系见附录C。

五、工作间断、转移制度

（1）工作中遇雷、雨、大风等情况，威胁到工作人员的安全时，工作负责人或专责监护人应下令停止工作。

（2）工作间断，若工作班离开工作地点，应采取措施或派人看守，不让人、畜接近工作地点。

（3）工作间断，工作班离开工作地点，若接地线保留不变，恢复工作前应检查确认接地线完好；若接地线拆除，恢复工作前应重新验电、装设接地线。间断后继续工作，若无工作负责人或专责监护人带领，作业人员不得进入工作地点。

（4）使用同一张工作票依次在不同工作地点转移工作时，若工作票所列的安全措施在开工前一次做完，则在工作地点转移时不需要再分别办理许可手续；若工作票所列的停电、接地等安全措施随工作地点转移，则每次转移均应分别履行工作许可、终结手续，依次记录在工作票上，并填写使用的接地线编号、装拆时间、位置等随工作地点转移情况。工作负责人在转移工作地点时，应逐一向工作人员交待带电范围、安全措施和注意事项。

六、工作终结制度

（1）工作完工后，应清扫整理现场，工作负责人（包括小组负责人）应检查工作地段的状况，确认工作的电气设备及其他辅助设备上没有遗留个人保安线和其他工具、材料，查明全部工作人员确由设备上撤离后，再命令拆除由工作班自行装设的接地线等安全措施。接地线拆除后，任何人不得再在设备上工作。

（2）工作地段所有由工作班自行装设的接地线拆除后，工作负责人应及时向相关工作许可人（含配合停电线路、设备许可人）报告工作终结。

（3）多小组工作时，工作负责人应在得到所有小组负责人工作结束的汇报后，方可与工作许可人办理工作终结手续。

（4）执行工作票双许可的工作，应由双方许可人均办理工作终结手续后，方可视为工作终结。

（5）工作终结报告应按以下方式进行：

1）当面报告；

2）电话报告，并经复诵无误。

（6）工作终结报告应简明扼要，主要包括下列内容：工作负责人姓名，某作业现场（说明工作地点、内容等）工作已经完工，所修项目、试验结果、设备改动情况和存在问题等，工作地点已无本班组工作人员和遗留物。

（7）工作许可人在接到所有工作负责人（含客户方工作负责人）的终结报告，并确认所有工作已完毕，所有工作人员已撤离，所有接地线已拆除，与记录簿核对无误并做好记录后，方可下令拆除各侧安全措施。

第二节　保证安全的技术措施

营销现场作业保证安全的技术措施包括停电、验电、接地、悬挂标示牌和装设遮栏（围栏）。

一、停电

（1）工作地点应停电的线路和设备包括：

1）检修的线路或设备。

2）与作业人员在进行工作中正常活动范围的距离小于表1-2规定的设备。

3）与作业人员在进行工作中正常活动范围的距离虽大于表1-2的规定，

但小于表 1-1 的规定，同时又无绝缘隔板、安全遮栏措施的设备。

4）危及营销现场作业安全，且不能采取相应安全措施的交叉跨越、平行或同杆（塔）架设线路。

5）有可能从低压侧向高压侧反送电的设备、工作地段内有可能反送电的各分支线（包括客户，下同）。

6）带电部分在作业人员后面、两侧、上下，且无可靠安全措施的设备。

7）其他需要停电的线路或设备。

（2）检修设备停电，设备运维管理单位（含客户）应把各方面的电源完全断开（任何运行中的星形接线设备的中性点应视为带电设备）。禁止在只经断路器断开电源的高压设备上工作。

应拉开隔离开关，手车开关应拉至试验或检修位置，应使各方面有一个明显的断开点。若无法观察到停电设备的断开点，应有至少两个不同源指示设备为断开状态，如电气和机械指示等。无明显断开点也无满足条件的电气、机械等指示时，应断开上一级电源。

变电作业现场与停电设备有关的变压器、电压互感器以及无功补偿装置等具有储能功能的设备，应将设备各侧断开，防止向停电检修设备反送电。

（3）检修设备和可能来电侧的断路器、隔离开关应断开控制电源和合闸能源，隔离开关操作把手应锁住，确保不会误送电。

（4）对难以做到与电源完全断开的检修设备，可以拆除设备与电源之间的电气连接。

（5）在高压配电室、箱式变电站、配电变压器台架上进行工作，不论线路是否停电，应先拉开低压侧断路器，后拉开低压侧隔离开关，再拉开高压侧跌落式熔断器或隔离开关。

（6）低压配电线路和设备上的停电作业，应先拉开低压侧断路器，后拉开低压侧隔离开关；作业前检查双电源、多电源和自备电源、分布式电源的客户已采取机械或电气联锁等防止反送电的强制性技术措施。

（7）低压公共区域（计量箱等）仅涉及个别设备、箱体内停电的工作，应先断开负荷侧开关，再断开电源侧总开关。

（8）可直接在地面操作的断路器、隔离开关的操作机构应加锁；不能直接在地面操作的断路器、隔离开关应悬挂"禁止合闸，有人工作！"或"禁止合闸，线路有人工作！"的标示牌。熔断器的熔管应摘下或悬挂"禁止合闸，有人工作！"或"禁止合闸，线路有人工作！"的标示牌。

二、验电

（1）营销现场停电作业，接地前，应使用相应电压等级的接触式验电器或测电笔在装设接地线或合接地刀闸处逐相分别验电。

室外低压配电线路和设备验电宜使用声光验电器。

架空配电线路和高压配电设备验电应有人监护。

（2）高压验电前，验电器应先在有电设备上试验，确认验电器良好；无法在有电设备上试验时，可用工频高压发生器等确证验电器良好。

低压验电前应先在低压有电部位上试验，以验证验电器或测电笔良好。

（3）高压验电应戴绝缘手套。验电器的伸缩式绝缘棒长度应拉足，验电时手应握在手柄处不得超过护环，人体应与验电设备保持表 1-1 中规定的安全距离。

雨雪天气室外设备宜采用间接验电；若直接验电，应使用雨雪型验电器，并戴绝缘手套。

（4）对同杆（塔）架设的多层电力线路验电时，应先验低压、后验高压，先验下层、后验上层、先验近侧、后验远侧。禁止作业人员越过未经验电、接地的 10kV 及以下线路对上层、远侧线路验电。线路的验电应逐相（直流线路逐极）进行。

（5）对无法直接验电的设备应采用间接验电，即通过设备的机械位置指示、电气指示、带电显示装置、仪表及各种遥测、遥信等信号的变化来判断。判断时，至少应有两个非同样原理或非同源的指示发生对应变化，且所有这些确定的指示均已同时发生对应变化，方可确认该设备已无电压。检查中若发现其他任何信号有异常，均应停止操作，查明原因。若遥控操作，可采用上述的间接方法或其他可靠的方法间接验电。

（6）低压线路和设备停电后，检修或装表接电等工作开始前，应在与停电检修部位或表计电气上直接相连的可验电部位验电。

（7）断开双电源、多电源、分布式电源以及带有自备电源的客户的连接点开关后，应验明可能来电的各侧确无电压。

三、接地

（1）当验明确无电压后，应立即将检修的高压配电线路和设备接地并三相短路。电缆及电容器接地前应逐相充分放电，星形接线电容器的中性点应接地，串联电容器及与整组电容器脱离的电容器应逐个多次放电，装在绝缘支架上的电容器外壳也应放电。工作地段各端和工作地段内有可能反送电的各分支线都应接地。

（2）当验明检修的低压线路、设备确无电压后，至少应采取以下措施之一防止反送电：

1）所有相线和零线接地并短路；

2）绝缘遮蔽；

3）在断开点加锁、悬挂"禁止合闸，有人工作！"或"禁止合闸，线路有人工作！"的标示牌。

（3）配合停电的交叉跨越或邻近线路，在线路的交叉跨越或邻近处附近应装设一组接地线。配合停电的同杆（塔）架设线路装设接地线的要求与检修线路相同。

（4）装设同杆（塔）架设的多层电力线路接地线时，应先装设低压、后装设高压，先装设下层、后装设上层，先装设近侧、后装设远侧。拆除接地线的顺序与此相反。

（5）低压配电设备、低压电缆、集束导线、充（换）电设备等停电检修，无法装设接地线时，应采取绝缘遮蔽或其他可靠的隔离措施。

（6）成套接地线应用有透明护套的多股软铜线和专用线夹组成，接地线截面积应满足装设地点短路电流的要求，且高压接地线的截面积不得小于 $25mm^2$，低压接地线截面积不得小于 $16mm^2$。

接地线应使用专用的线夹固定在导体上，禁止用缠绕的方法接地或短路。

禁止使用其他导线接地或短路。

（7）杆塔无接地引下线时，可采用截面积大于 $190mm^2$（如$\phi16mm$ 圆钢）、地下深度大于 0.6m 的临时接地体。土壤电阻率较高地区，如岩石、瓦砾、沙土等，应采取增加接地体根数、长度、截面积或埋地深度等措施改善接地电阻。

（8）接地线、接地刀闸与检修设备之间不得连有断路器或熔断器。若由于设备原因，接地刀闸与检修设备之间连有断路器，在接地刀闸和断路器合上后，应有保证断路器不会分闸的措施。

（9）装、拆接地线应做好记录，交接班时应交待清楚。禁止作业人员擅自变更工作票中指定的接地线位置，若需变更，应由工作负责人征得全部工作票签发人或工作许可人同意，并在工作票上注明变更情况。

（10）装设、拆除接地线应有人监护。装设、拆除接地线均应使用绝缘棒并戴绝缘手套，人体不得碰触接地线或未接地的导线。装设的接地线应接触良好、连接可靠。装设接地线应先接接地端、后接导体端，拆除接地线的顺序与此相反。

（11）作业人员应在接地线的保护范围内作业。禁止在无接地线或接地线装设不齐全的情况下进行作业。

（12）使用个人保安线。

1）对于因交叉跨越、平行或邻近带电线路、设备导致工作范围内设备可能产生感应电压时，已接地但距离工作地点较远、未做有效的重复接地时，应加装接地线或使用个人保安线。加装（拆除）的接地线应记录在工作票上，个人保安线由作业人员自行装拆。

2）个人保安线应在杆塔上接触或接近导线的作业开始前挂接，作业结束脱离导线后拆除。装设时，应先接接地端，且接触良好，连接可靠。拆个人保安线的顺序与此相反。个人保安线由作业人员负责自行装、拆，加装（拆除）的接地线应记录在工作票上。

3）个人保安线应使用有透明护套的多股软铜线，截面积不准小于 $16mm^2$，且应带有绝缘手柄或绝缘部件。禁止用个人保安线代替接地线。

四、悬挂标示牌和装设遮栏（围栏）

（1）在一经合闸即可送电到工作地点的断路器和隔离开关的操作处或机构箱门锁把手上及熔断器操作处，应悬挂"禁止合闸，有人工作！"标示牌。

（2）工作地点有可能误登、误碰的邻近带电设备，应根据设备运行环境悬挂"止步，高压危险！"等标示牌。

（3）在工作地点或检修的配电设备上悬挂"在此工作！"标示牌。

（4）由于设备原因，接地刀闸与检修设备之间连有断路器，在接地刀闸和断路器合上后，在断路器（开关）的操作处或机构箱门锁把手上应悬挂"禁止分闸！"标示牌。

（5）高压开关柜内手车开关拉出后，隔离带电部位的挡板应可靠封闭，禁止开启，并设置"止步，高压危险！"标示牌。

（6）高低压配电室、开闭所部分停电检修或新设备安装，应在工作地点两旁及对面运行设备间隔的遮栏（围栏）上和禁止通行的过道遮栏（围栏）上悬挂"止步，高压危险！"标示牌。

（7）配电站户外高压设备部分停电进行营销现场作业，应在工作地点四周装设围栏，其出入口要围至邻近道路旁边，并设有"从此进入！"和"在此工作"标示牌。工作地点四周围栏上悬挂适当数量的"止步，高压危险！"标示牌，标示牌应朝向围栏里面。

若配电站户外高压设备大部分停电，只有个别地点保留有带电设备而其他设备无触及带电导体的可能时，可以在带电设备四周装设全封闭围栏，围栏上悬挂适当数量的"止步，高压危险！"标示牌，标示牌应朝向围栏外面。

（8）部分停电的工作，小于表1-1规定距离以内的未停电设备应装设临时遮栏，临时遮栏与带电部分的距离不得小于表1-2的规定数值。临时遮栏可用坚韧的绝缘材料制成，装设应牢固，并悬挂"止步，高压危险！"标示牌。

（9）低压开关（熔丝）拉开（取下）后，应在适当位置悬挂"禁止合闸，有人工作！"或"禁止合闸，线路有人工作！"标示牌。

（10）配电设备上进行营销现场作业，若无法保证安全距离或因工作特殊需要，可用与带电部分直接接触的绝缘隔板代替临时遮栏。

（11）城区、人口密集区或交通道口及通行道路上施工时，工作场所周围应装设遮栏（围栏），并在相应部位装设警告标示牌。必要时，派人看管。

（12）禁止越过遮栏（围栏）。

（13）禁止作业人员擅自移动或拆除遮栏（围栏）、标示牌。因工作原因需短时移动或拆除遮栏（围栏）、标示牌时，应有人监护。完毕后应立即恢复。

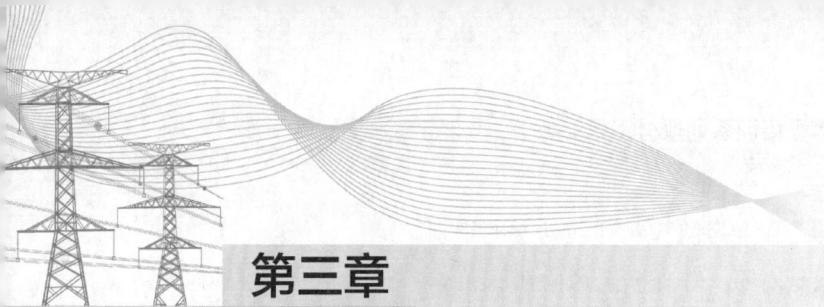

第三章

作业项目安全风险管控

第一节 概 述

为贯彻"安全第一、预防为主、综合治理"方针，推进电网企业安全风险管理工作，规范作业安全风险的辨识、评估和控制方法，本节依据《国家电网有限公司作业安全风险管控工作规定》和《国家电网有限公司作业安全风险预警管控工作规范》，阐述作业项目安全风险控制的职责与分工，以及计划管理、风险识别、评估定级等环节的方法及要求，以对作业安全风险实施超前分析和流程化控制，形成"流程规范、措施明确、责任落实、可控在控"的安全风险管控机制。

一、风险辨识

风险辨识是指辨识风险的存在并确定其特性的过程，包括静态风险辨识、动态风险辨识和作业项目风险辨识。

静态风险辨识是依据《国家电网公司供电企业安全风险评估规范》（以下简称《评估规范》）等事先拟好的检查清单对现场风险因素进行辨识，制定风险控制措施。主要开展三个方面的工作：① 设备、环境的风险识别；② 人员素质及管理的风险识别；③ 风险数据库的建立与应用。设备、环境的风险识别依据《评估规范》第一、二章内容要求，有计划、有目的地开展设备、环境、工器具、劳动防护以及物料等静态风险的识别，找出存在的危险因素。人员素质及管理的风险识别依据《评估规范》第三、五章内容要求开展，可进行自查，也可由专家组或专业第三方机构对人员素质和安全生产综合管理开展周期性的识别，查找影响安全的危险因素。现场管理的风险识别依据《评估规范》第四章内容要求，结合作业风险控制开展动态的识别。

动态风险辨识是对照《作业安全风险辨识范本》对作业过程中的风险因素进行辨识。

作业项目风险辨识是采用三维辨识法对整个项目所包含的风险因素进行辨识。三维辨识法是指通过对照《作业安全风险辨识范本》辨识作业过程中的动态风险、查看《作业安全风险库》辨识作业过程中的静态风险、现场踏勘确认风险的一种方法。

二、风险评估

风险评估是指对事故发生的可能性和后果进行分析与评估，并给出风险等级的过程。风险等级分为一般、较大、重大三级。静态风险评估一般采用 LEC 法，动态风险评估一般采用 PR 法。

1. LEC 法

LEC 法是根据风险发生的可能性、暴露在生产环境下的频度、导致后果的严重性，针对静态风险所采取的一种风险评估方法。

风险值 D 的计算公式为

$$D = LEC$$

L 为发生事故的可能性大小。用概率来表示事故发生的可能性大小时，绝对不可能发生的事故概率为 0，而必然发生的事故概率为 1。然而，从系统安全角度考察，绝对不发生事故是不可能的，所以人为地将发生事故的可能性极小的分数定为 0.1，而必然发生的事故分数定为 10，各种情况的分数如表 3-1 所示。

表 3-1　　　　　　　　　事故发生的可能性（L）

事故发生的可能性（发生的概率）	分数值
完全可能预料（100%可能）	10
相当可能（50%可能）	6
可能，但不经常（25%可能）	3
可能性小，完全意外（10%可能）	1
很不可能，可以设想（1%可能）	0.5
极不可能（小于1%可能）	0.1

E 为暴露于危险环境的频繁程度。人员出现在危险环境中的时间越多，则危险性越大。规定连续出现在危险环境的情况定为 10，而非常罕见地出现在危险环境中定为 0.5，介于两者之间的各种情况规定若干个中间值，如表 3-2 所示。

表 3-2　　　　　　暴露于危险环境频度（E）

暴露频度	分数值
持续：每天多次	10
频繁：每天一次	6
有时：每天一次～每月一次	3
较少：每月一次～每年一次	2
很少：50 年一遇	1
特少：100 年一遇	0.5

C 为发生事故的严重性。事故所造成的人身伤害或电网损失的变化范围很大，所以规定分数值为 1～100，把造成仅需要救护的伤害及设备或电网异常运行的分数定为 1，把造成重大及以上人身、设备、电网事故的分数定为 100，其他情况的数值定为 1～100 之间，如表 3-3 所示。

表 3-3　　　　　　发生事故的严重性（C）

分数值	后果	
	人身	电网设备
100	可能造成特大人身死亡事故者	可能造成特大设备事故者；可能引起特大电网事故者
40	可能造成重大人身死亡事故者	可能造成重大设备事故者；可能引起重大电网事故者
15	可能造成一般人身死亡事故或多人重伤者	可能造成一般设备事故者；可能引起一般电网事故者
7	可能造成人员重伤事故或多人轻伤事故者	可能造成设备一类障碍者；可能造成电网一类障碍者
3	可能造成人员轻伤事故者	可能造成设备二类障碍者；可能造成电网二类障碍者
1	仅需要救护的伤害	可能造成设备或电网异常运行

风险值 D 计算出后，关键是如何确定风险级别的界限值。这个界限值并不是长期固定不变，在不同时期，企业应根据其具体情况来确定风险级别的界限

值。表 3－4 的内容可作为确定风险程度的风险值界限的参考标准。

表 3－4　　　　　　　　　　风险程度与风险值的对应关系

风险程度	风险值
重大风险	$D \geqslant 160$
较大风险	$70 \leqslant D < 160$
一般风险	$D < 70$

例如：某供电企业 500kV 某变电站围墙南侧出线塔下方原土建单位搭建的临时工棚，在投运之后仍未拆除，由于无人管理成为危房，台风或大风天气吹起轻飘物会危及设备的安全运行。同时，500kV 场地东南侧搭建的种植西瓜薄膜大棚，在台风季节也会严重影响到变电站安全运行。

L 的确定：大风或台风天气的出现概率不大，加之可被风吹起的轻飘物固定不牢发生的概率也不大，可定值为 1。

E 的确定：从地理角度上讲属于连续暴露，所以定值为 10。

C 的确定：危险源离变电站 500kV 场地很近，极有可能导致 500kV 母差保护动作，按《国家电网公司安全事故调查规程》核定为一般电网事故，属于非常严重，所以定值 15。

按 $D = LEC$，得出风险值为 150，其值大于 70 但小于 160，故风险等级按表 3－4 确定为较大风险。这样就为下一步的风险控制确定了目标。

2. PR 法

PR 法是根据风险发生的可能性、导致后果的严重性，针对动态风险所采取的一种风险评估方法。

P 值代表事故发生的可能性（possible），即在风险已经存在的前提下，发生事故的可能性。按照事故的发生率将 P 值分为四个等级，如表 3－5 所示。

表 3－5　　　　　　　　　　可能性定性定量评估标准表（P）

级别	可能性	含义
4	几乎肯定发生	事故非常可能发生，发生概率在 50% 以上
3	很可能发生	事故很可能发生，发生概率在 10%～50%
2	可能发生	事故可能发生，发生概率在 1%～10%
1	发生可能性很小	事故仅在例外情况下发生，发生概率在 1% 以下

R 值代表后果严重性（result），即在此风险导致事故发生之后，造成对人身、电网或者设备的危害程度。根据国家电网公司事故调查规程的分类，将 R 值分为特大、重大、一般、轻微四个级别，如表 3-6 所示。

表 3-6 严重性定性定量评估标准表（R）

级别	后果	严重性	
		人身	电网设备
4	特大	可能造成重大及以上人身死亡事故者	可能造成重大及以上设备事故者；可能引起重大及以上电网事故者
3	重大	可能造成一般人身死亡事故或多人重伤者	可能造成一般设备事故者；可能引起一般电网事故者
2	一般	可能造成人员重伤事故或多人轻伤事故者	可能造成设备一、二类障碍者；可能造成电网一、二类障碍者
1	轻微	仅需要救护的伤害	可能造成设备或电网异常运行

将表 3-5 和表 3-6 中的可能性和严重性结合起来，就得到重大、较大、一般表示的风险水平描述，如图 3-1 所示。

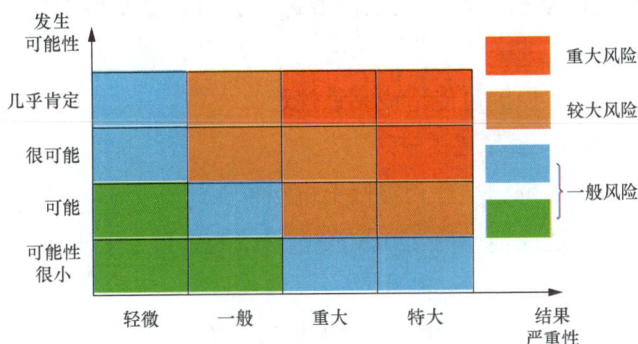

图 3-1 PR 法风险坐标图

第二节 电网安全风险辨识与控制

电网运行风险是指电网检修、施工、调试等带来运行方式变化，输变电设备缺陷或异常带来运行状况变化，气候、来水等外部因素带来运行环境变化，引起电网运行出现可预见性的安全风险。

一、电网风险预警管控职责与分工

（一）各层级电网风险管控预警范围

1. 省调风险管控预警范围

（1）设备故障，可能导致五级以上电网事件，除部分在地调预警职责中明确的。

（2）设备停电造成省内 500kV 及以上变电站改为单线供电、单台主变压器、单母线运行的情况，且无法通过运行方式调整等手段保障电网安全稳定运行。

（3）一次事件造成风电机组脱网容量 500MW 以上者。

（4）事故后造成装机总容量 1000MW 以上的发电厂全厂对外停电。

（5）造成电网减供负荷 100MW 以上者。

（6）省内 500kV 及以上主设备存在缺陷或隐患不能退出运行。

（7）重要通道故障，负荷有序用电启动条件。

（8）省内 220kV 枢纽站二次系统改造，会引起全站停电，对外造成重要影响。

（9）跨越施工等原因可能造成高铁停运。

2. 地调风险管控预警范围

（1）设备故障，可能导致六级以上电网事件。

（2）设备停电造成地市内 220kV 变电站改为单台主变压器、单母线、单线（同杆并架双线）运行。

（3）事故后造成地市级以上地方人民政府有关部门确定的二级以上重要电力用户电网侧供电全部中断。

（4）造成电网减供负荷 40MW 以上 100MW 以下者。

（5）地市内 220kV 主设备存在缺陷或隐患不能退出运行。

（6）跨越施工等原因可能造成电气化铁路停运。

3. 县调风险管控预警范围

（1）事故后造成县域范围内 1 座 110kV 变电站全停。

（2）事故后造成变电站内 35kV 母线非计划全停。

（3）事故后造成地市级以上地方人民政府有关部门确定的二级或临时性

重要电力用户电网侧供电全部中断。

（4）其他应纳入县调管控范围的事件。

注：预警范围中"以上"包含本数，"以下"不包含本数。

（二）各专业职责分工

（1）调控中心：① 负责电网运行风险预警的评估、发布、延期、取消和解除，会同相关部门编制预警通知单，提出电网运行风险管控要求，组织优化运行方式、制定事故预案等措施；② 负责向政府电力运行主管部门报告、向相关并网电厂告知电网运行风险预警；③ 负责检查本专业电网运行风险预警管控工作情况。

（2）安监部：① 负责电网运行风险预警管控工作的全过程监督、检查、评价、考核；② 负责电网风险预警管控系统的建设与应用；③ 负责向能源局及派出机构报告电网运行风险预警。

（3）发展部：负责在电网规划中加强电网结构分析，将相关项目纳入电网规划并推进前期工作，提高系统抵御风险能力。

（4）设备部（运检部）：① 负责分析重大检修、设备状况、外力破坏等安全风险，组织落实输变电设备和输配电通道巡视、监测、维护、消缺、安全防护等管控措施，组织落实电网技改项目；② 负责检查本专业电网运行风险预警管控工作情况。

（5）建设部：① 负责落实电网建设工程，分析输变电建设、施工跨越、调试投产等对电网运行带来的安全风险，组织落实基建施工、现场防护、系统调试等管控措施；② 负责检查本专业电网运行风险预警管控工作情况。

（6）营销部：① 负责分析重要客户供电安全风险，组织落实需求侧管理、安全供电等管控措施；② 负责向重要客户告知电网运行风险预警，督促落实重要客户应急预案和保安电源措施；③ 负责检查本专业电网运行风险预警管控工作情况。

二、电网风险预警管控流程

电网运行风险预警管控依托安全风险管控平台（以下简称平台，含 App）实施全过程管理，包括预警评估、预警发布、预警报告与告知、预警实施、预警解除等环节，管控流程如图 3–2 所示。

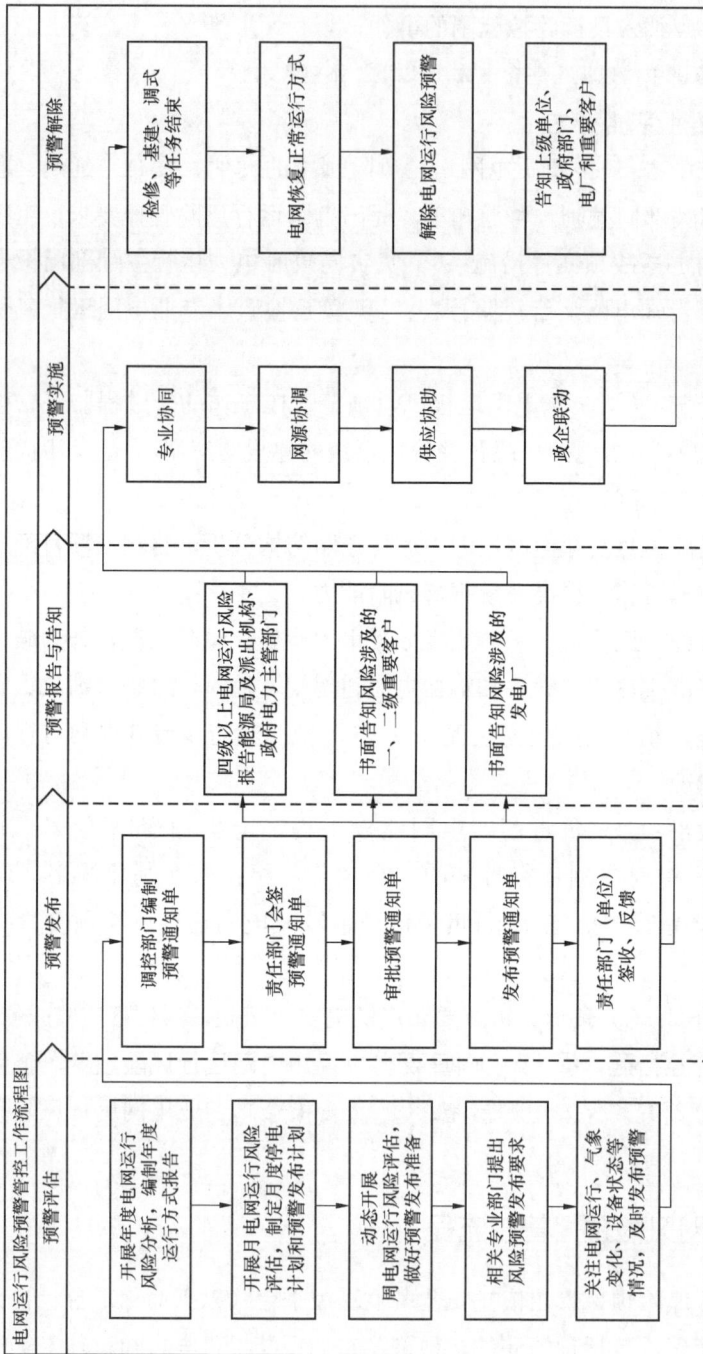

图 3-2 电网运行风险预警管控流程

（一）预警评估

调度部门在参与制定月度检修计划时，应进行电网运行风险评估分析，下发"风险评估表"，如表 3-7 所示，内容包括主要停役设备、停役时间、工作内容、风险分析、受限断面及控制要求，结合风险分析结果提出应落实的各项风险预控措施及落实主体，对措施前、措施后的风险分别进行评价和定级。

表 3-7　　　　　　　　　　风 险 评 估 表

序号	主要停役设备	停役时间	工作内容	风险分析	受限断面及控制要求	预控措施	风险等级（措施前）	风险等级（措施后）

风险预警等级从高到低分为一至八级，分别与《国家电网有限公司安全事故调查规程》中一至八级电网事件相对应。

1. 电网运行风险分析方法

在进行电网运行风险分析时，通常采用以下方法：

（1）电力电量平衡分析。

（2）系统潮流及无功电压分析。

（3）系统静态安全分析。

（4）系统短路电流分析。

（5）系统暂态稳定、频率稳定、电压稳定、小干扰稳定分析。

2. 评估机制

强化电网运行"年方式、月计划、周安排、日管控"，建立健全风险预警评估机制，为预警发布和管控提供科学依据。

（1）年方式：开展年度电网运行风险分析，加强年度综合停电计划协调，各级调控部门编制年度运行方式报告，应包括年度电网运行风险分析结果、四级以上风险预警项目。

（2）月计划：加强月度停电计划协调，各级调控部门牵头组织分析下月电网设备计划停电和通信检修计划带来的安全风险，梳理达到预警条件的停电项目，制定月度风险预警发布计划。

（3）周安排：加强周工作计划和停电安排，动态评估电网运行风险，及时发布电网运行风险预警，在周生产安全例会上部署风险预警管控措施。

（4）日管控：密切跟踪电网运行状况和停电计划执行情况，加强日工作组织协调，在日生产早会上通报工作进展，根据实际情况动态调整风险预警管控措施。

3. 评估原则

贯彻"全面评估、先降后控"要求，动态评估电网运行风险，准确界定风险等级，不遗漏风险、不放大风险、不降低管控标准。

（1）全面评估。充分辨识电网运行方式、运行状态、运行环境、电源、负荷及电力通信、信息系统等其他可能对电网运行和电力供应造成影响的风险因素。

1）运行方式：评估电网特殊保电时期、多重检修方式、系统性试验、配合基建技改等临时方式安全风险。

2）运行状态：评估电网断面潮流、设备负载、设备运行状况等安全风险。

3）运行环境：评估重要输变电设备周边水文地质、气候条件、山火、覆冰、雾霾、外力破坏等安全风险。

4）电源：评估电厂出力、送出可靠性、清洁能源消纳等安全风险。

5）负荷：评估重要客户供电方式、保电需求等安全风险。

6）电力通信：评估电力通信设备本体以及设备检修、设备异常、系统故障等非正常方式或特定情况等安全风险。

7）信息系统：评估信息泄露、木马病毒、网络攻击、漏洞隐患、系统升级维护等安全风险。

（2）先降后控。充分采取各种预控措施和手段，降等级、控时长、缩范围、减数量，降低事故概率和风险影响，提升管控实效。

1）降等级：采取方式调整、分母线运行、负荷转移、分散稳控切负荷数量、调整开机、配合停电、需求侧响应、同周期检修、调整客户生产计划等手段，降低可能造成的负荷损失。

2）控时长：优化施工（检修）方案，提前安排设备消缺，适当加大人员投入，采取先进技术工艺，合理控制停电时间。

3）缩范围：优化电网运行方式、停电检修计划、倒闸操作方案，转移重要负荷，启用备用线路，缩小受影响的范围。

4）减数量：坚持"综合平衡，一停多用"，统筹优化基建、技改和检修工作，科学安排停电计划，减少重复停电，避免风险叠加，严格控制高风险预警工作。

（二）预警发布

（1）调度部门在编制电网周检修计划时，应根据风险评估表编制运行风险预警通知单，做好风险预控措施的安排。预警通知单包括停电设备、预警事由、预警时段、风险等级、风险分析（运行方式调整、控制限额）、管控措施及要求等内容，如图3-3所示。

编号：××××年第××××号

电力调度控制中心   预警日期：××××年××月××日

停电设备			
预警事由			
预警时段			
风险等级			
主送部门			
责任单位			
风险分析	运行方式调整： 控制限额：		
管控措施及要求	（1）电力调度控制中心： （2）运维检修部： （3）营销部： （4）安全监察部（保卫部）：		签收部门
			电力调度控制中心：
			运维检修部：
			营销部：
			安全监察部（保卫部）：
编制		审核	
批准			

呈送：

图3-3 电网运行风险预警通知单

（2）预警通知单经安监、运检、营销等相关部门会签，督查会议审核通过，本单位领导或上级单位审批后正式生效，并下达各相关单位。

（3）对于电网临时检修方式，应纳入周检修计划管理，补发预警通知单。

对于电网紧急消缺，明确停电工作时间超过 24 小时的，由调度部门在下一个工作日补发预警通知单。

（三）预警反馈

（1）各职能部门及相关单位按照"谁会签、谁组织、谁反馈"原则组织落实管控措施，责任单位按照"谁接收、谁落实、谁反馈"原则实施管控措施并填写预警反馈单。预警反馈单内容包括预警单编号、预警时段、管控措施落实情况等，如图 3-4 所示。

编号：××××年第××××号

××××单位   反馈日期：××××年××月××日

主送单位	
预警单编号	
预警时段	
管控措施落实情况	

编制		审核		批准	

图 3-4 电网运行风险预警反馈单

（2）预警反馈单在工作实施前通过风险管控系统等方式完成反馈，各项预警管控措施均落实到位后，调控部门方可下达设备停电操作指令。

（四）预警报告与告知

（1）按照"谁预警、谁报告"原则，相关单位根据需要分别向地方政府电力运行主管部门进行报告，内容包括风险分析、风险等级、计划安排、影响范围（含敏感区域、民生用电、重要客户等）、管控措施、需要政府协助办理的事项建议等。

（2）对风险预警涉及的二级以上重要客户，由营销部门编制预警告知单，提前 24 小时告知客户并留存相关资料；对电厂送出可靠性造成影响或需要电源支撑的风险预警，由调控部门编制预警告知单，提前 24 小时告知相关并网电厂并留存相关资料。预警告知单主要内容包括预警事由、预警时段、风险分析、预控措施及要求等，督促电厂、客户合理安排生产计划，做好防范准备，如图 3-5 所示。

电网运行风险预警告知单

编号：××××年第×号

报送日期：××××年××月××日

送达单位	客户（电厂）		
预警事由			
预警时段	××月××日×时至××月××日×时		
风险分析			
预控措施及要求	针对客户（电厂）实际情况，提出风险预警管控措施要求		
电网风险管控措施			
告知单位	（盖章）		
联系人		联系电话	

图3-5　电网运行风险预警告知单

（五）预警实施

预警发布后，应强化"专业协同、网源协调、供用协助、政企联动"，有效提升管控质量和实效，同时做好与电网大面积停电事件应急预案无缝衔接，针对电网运行风险失控可能导致大面积停电，提前做好应急准备，及时启动应急响应，全方位做好电网运行安全工作。

1. 专业协同

调控、运检、营销、安监等专业协同配合，全面落实管控措施。

（1）电网调控：进行安全稳定校核，优化系统运行方式，完善稳控策略，转移重要负荷，优化操作顺序，编制事故预案。

（2）设备运维：加强设备特巡，开展红外测温等带电检测，提前完成设备消缺和隐患整治，落实针对性运维保障措施，做好抢修队伍、物资和备品备件等准备。

（3）施工检修：优化施工检修方案，加大人员装备投入，确保按期完工。

（4）供电保障：组织供电安全检查，督促客户排查消除用电侧安全隐患，做好重要客户保电，做好配网应急抢修准备。

（5）信通保障：排查消除电力通信、信息系统、信息通信专用 UPS 电源等安全隐患，制定通信方式调整及保障方案，组织电力光缆、通信设备等特巡，做好应急通信系统准备，落实信息系统等安全防护措施。

（6）监督协调：协调编制风险预警管控工作方案，组织开展现场监督检查，督导落实电网调控、设备运维、施工检修、供电保障、信通保障等各项管控措施。

2. 网源协调

做好电厂设备配合检修，调整发电计划，优化开机方式，安排应急机组，做好调峰、调频、调压准备。加强技术监督，确保涉网保护、安全自动装置等按规定投入。

3. 供用协助

及时告知客户电网运行风险预警信息，督促重要客户备齐应急电源，制定应急预案，执行落实有序用电方案，提前安排事故应急容量。

4. 政企联动

提请政府部门协调电力供需平衡和有序用电、督促重要客户用电安全隐患整改，将预警电力设施纳入治安巡防体系，加强防外力破坏等管控措施。

（六）预警解除

（1）因设备停役延期或工作取消，由调控中心及时联系安监部门办理风险延期或取消，并通知相关部门和单位。

（2）设备复役后，风险解除。若设备提前复役，由调控中心及时联系安监部门办理风险解除，并通知相关部门和单位。

三、典型电网安全风险控制措施

（1）合理规划电源接入点。受端系统应具有多个方向多条受电通道，电源点应合理分散接入，每个独立输电通道的输送电力不宜超过受端系统最大负荷的 10%～15%，确保失去任一通道时不影响电网安全运行和受端系统可靠供电。综合考虑电力市场空间、电力系统调峰、电网安全等因素，统筹协调、合理布局抽蓄电站等调峰电源。

（2）严格做好风电场、光伏电站并网验收环节的工作，避免不符合电网要求的设备进入电网运行。并网电厂机组投入运行时，相关继电保护、安全自动装置、稳定措施和电力专用通信配套设施等应同时投入运行。

（3）优化电网规划设计方案，合理设计电网结构，完善电网安全稳定控制措施，提高系统安全稳定水平。强化电网薄弱环节，加强电网建设及配电网完善工作，对供电可靠性要求高的电网应适度提高设计标准。对电网进行合理分区，有效限制短路电流；兼顾供电可靠性和经济性，分区之间要有备用联络线，以满足一定程度的负荷互带能力。

（4）无功电源及无功补偿设施的配置应使系统具有灵活的无功电压调整能力，在负荷高峰和低谷时段均能分（电压）层、分（供电）区基本平衡。提高无功电压自动控制水平，推广应用无功电压自动控制系统（AVC），提高电压稳定性，减少电压波动幅度。

（5）在特殊地形、极端恶劣气象环境条件下重要输电线路宜采取差异化设计，适当提高抗风、抗冰、抗洪等设防水平。输电线路路径应避开滑坡、泥石流、重冰区及易发生导线舞动、山火易发等区域，无法避让时应采取相应防范措施。

（6）严格执行电网运行控制要求，严禁超运行控制极限值运行，根据系统发展变化情况及时计算和调整电网运行控制极限。电网一次设备故障后，应按照故障后方式电网运行控制的要求，尽快将相关设备的潮流（或发电机出力、电压等）控制在规定值以内。

（7）根据电网的变化情况及时地分析、调整各种保护装置、安全自动装置的配置或整定值，每年下达低频低压减载方案，及时跟踪负荷变化，定期核查、统计、分析各种安全自动装置的运行情况。加强检修管理和运行维护工作，防止装置出现拒动、误动。

（8）加强开关设备、保护装置的运行维护和检修管理，确保能够快速、可靠地切除故障。定期对变电站内及周边飘浮物、塑料大棚、彩钢板建筑、风筝及高大树木等进行清理，大风前后应进行专项检查，防止异物漂浮造成设备短路。

（9）加强铁塔基础的检查和维护，做好防外力破坏措施，对取土、挖沙、采石等可能危及杆塔基础安全的行为，应及时制止并采取相应防范措施。

（10）迎峰度夏期间和重点保电时段，加强对满载重载线路的运行维护，加强对跨区输电通道及相关线路的运维管控，开展高风险区段、密集线路走廊、线路跨越点特巡，确保重要设备安全稳定运行。

（11）覆冰季节前应对线路做全面检查，落实除冰、融冰和防舞动措施。具备条件的应采取融冰措施以减少线路覆冰。

第三节　作业安全风险辨识与控制

作业安全风险是指在作业过程中有可能导致人身伤害事故的因素，涉及触电伤害、高处坠落、物体打击、机械伤害、中毒窒息等。

一、作业项目安全风险评估

（一）作业安全风险分级

根据可预见风险的可能性、后果严重程度，作业安全风险分为一到五级，即极高风险、高度风险、显著风险、一般风险、稍有风险。

一级风险（极高风险）：指作业过程存在极高的安全风险，即使加以控制仍可能发生人身重伤或死亡事故。

二级风险（高度风险）：指作业过程存在很高的安全风险，不加控制容易发生人身死亡事故。

三级风险（显著风险）：指作业过程存在较高的安全风险，不加控制可能发生人身重伤或死亡事故。

四级风险（一般风险）：指作业过程存在一定的安全风险，不加控制极有可能发生人身轻伤事件。

五级风险（稍有风险）：指作业过程存在较低的安全风险，不加控制有可能发生未遂人身安全事件。

典型生产作业风险定级库详见《国家电网有限公司作业安全风险管控工作规定》。典型定级库中缺少的相关项目，应根据《评估规范》建立作业安全风险库：生产班组负责查找管辖范围内的危险因素，明确风险所在的地点和部位，对风险等级进行初评，形成风险事件并上报专业室（中心）；专业室（中心）负责对生产班组上报的风险事件进行审核、复评；一般、较大风险事件，由专业室（中心）在作业安全风险库中发布；重大风险事件，由专业室（中心）上报单位相关职能部门和安监部门，相关职能部门会同安监部门对重大风险审核确认后在作业安全风险库中发布。

作业安全风险库应及时导入日常安全生产和管理（如日常检查、专项检查、隐患排查、安全性评价等）中新发现的风险。职能部门每年组织专家，依据《评估规范》进行专项风险辨识，补充、完善作业安全风险库中相关风险事件。对风险事件的新增、消除和风险等级的变更等维护工作仍遵循逐级审核、发布的原则。

作业安全风险库模板如表 3-8 所示。

表 3-8　　　　　　　　　　作业安全风险库模板

序号	地点	部位	风险描述	作业类别	伤害方式	可能性	频度	严重性	风险值	风险等级	控制措施	填报单位	发布时间

作业安全风险库包括地点、部位、风险描述、作业类别、伤害方式、风险值、控制措施、填报单位和发布时间等内容，其含义如下：

（1）地点是指风险所在的变电站、高压室、配电站或线路。

（2）部位是指风险所在的间隔、设备或线段。

（3）风险描述是指风险可能导致事故的描述。

（4）作业类别包括变电运维、变电检修、输电运检、电网调度、配网运检五种。一个风险可对应多个作业类别。

（5）伤害方式一般包括触电、高处坠落、物体打击、机械伤害、误操作、交通事故、火灾、中毒、灼伤、动物伤害十种伤害方式。一个风险可对应多个伤害方式。

（6）风险值一般采用 LEC 法分析所得。

（7）控制措施是根据风险特点和专业管理实际所制定的技术措施或组织措施。

（8）填报单位是上报并跟踪管理的单位或部门。

（9）发布时间是经审核批准后公开发布该风险的时间。

（二）安全承载能力分析

班组安全承载能力分析内容包括班组成员的业务技能等级、工作经验、安全积分，以及班组生产装备和安全工器具的匹配程度，如表 3-9 所示。

表 3－9   运维班组安全承载能力分析标准

分类		评分方法	分值	评分标准	评估得分
监护人（工作许可人）	技能等级	监护人（工作许可人）的技能等级水平	15	由个人安全技能等级划分。五级 15 分，四级 12 分，三级 10 分，二级 8 分，一级 6 分	
	工作经验	监护人（工作许可人）参与该类型的工作经历	15	由单位根据实际情况发文公布分值	
	安全积分	监护人（工作许可人）的安全积分	15	安全积分未扣分时得 15 分，安全积分有扣分的，每一次减 2 分	
操作（作业）人	技能等级	操作人的技能等级水平	15	由操作人安全技能等级划分。五级 15 分，四级 12 分，三级 10 分，二级 8 分，一级 6 分	
	工作经验	操作人员的工作经验	10	由单位根据实际情况发文公布操作人员工作经验分值	
	安全积分	操作人的安全积分扣分次数	15	安全积分未扣分时得 15 分，安全积分有扣分的，每一次减 1 分	
生产装备和安全工器具	匹配程度	主要生产装备和工器具是否够用或需外借	15	够用得 15 分，需外借得 10 分	
合计					

技能等级依据个人经鉴定所取得，可与信息系统中的数据进行匹配。工作经验的分值由各单位依据员工实际情况定期发文公布，可与人员安全信息库中的数据进行匹配后自动生成。安全积分是依据个人安全积分情况确定，可与人员安全信息库中的数据进行匹配后自动生成。

生产装备和安全工器具的匹配程度，则需要评估人员按照实际情况进行评估。

作业项目风险等级与安全承载能力分析评估得分的要求是：一级风险作业的评估得分必须大于 90 分；二级风险作业的评估得分必须大于 85 分；三级风险作业的评估得分必须大于 80 分；四级风险作业的评估得分必须大于 70 分；五级风险作业的评估得分必须大于 60 分。

二、作业安全风险管控职责与分工

按照管理职责和工作特点，不同管理层次负责控制不同程度和类型的安全风险，逐级落实安全责任。

（一）各层级管理职责

1. 省公司级单位

安监部门是作业安全风险管控工作的牵头部门，负责建立健全作业风险管控工作机制，通过安全管控中心远程核查、到岗到位和安全督查人员现场检查等方式，进行监督、检查、评价、考核。

各专业部门负责组织开展本专业相关作业安全风险管控工作，执行到岗到位工作要求，重点管控二级及以上作业风险评估、预警、控制等实施情况。

2. 地市（县）公司级单位

安监部门负责督促落实本单位作业风险管控工作，通过安全管控中心远程核查、到岗到位和安全督查人员现场检查等方式，对本单位作业风险管控工作进行监督、检查、评价、考核。

地市级单位专业部门（项目管理部门）负责执行到岗到位工作要求，重点管控三级及以上作业风险识别、预警、控制等实施情况。

县公司级单位专业部门（项目管理部门）负责执行到岗到位工作要求，管控全部等级作业风险评估、预警、控制等实施情况。

3. 班组

负责落实现场勘察、风险评估、"两票"执行、班前（后）会、安全交底、作业监护等安全管控措施和要求。

（二）各专业具体分工

设备部（运检部）负责组织召开年度综合检修计划协调会和月度、周电网设备检修计划协调会，审查年度、季度、月度、周设备检修计划项目安排的必要性和合理性；负责策划、落实较大及以上风险检修类作业项目的风险管控（含风险评估、承载力分析），发布作业风险预警，督促相关部室和单位落实风险管控措施；协调检修现场风险控制过程中出现的问题。

建设部负责安排和编制基建、技改工程设计的输变电设备年度、季度、月度和周投运计划；负责策划、落实较大及以上风险基建、技改类作业项目的风险管控（含风险评估、承载力分析），督促相关部室和单位落实风险管控措施；协调基建、技改现场风险控制过程中出现的问题。

调控中心负责安排月度、周电网设备停电计划系统运行方式，审核月度、周停电计划的可行性和合理性；审查二次系统设备停电项目安排的必要性和合理性，协调上下级调度的运行方式调整，全面分析评估所辖电网薄弱环节，及时发布一般及以上电网风险预警和发布特殊气象条件风险预警；负责做好电网特殊运行方式下的事故处理预案和电力电量平衡，检查作业现场风险管控措施的落实情况；协调二次系统作业现场风险控制过程中出现的问题。

营销部负责编制用户、市政工程涉及的输变电设备季度和月度停电需求和投运计划；统筹安排用户工程，避免集中停电造成电网安全风险增大；电网预警发出后，协助并督促重要高危客户、重要保电场所做好应对措施，做好保供电工作。

安监部负责参与年度综合检修计划协调会和月度、周停电计划平衡会，督促相关部门落实审查和协调职责；负责审查施工（检修）单位工作票签发人、工作负责人、工作许可人资质认证；审查发包工程施工单位安全资质，督促签订安全协议，并做好备案；参与审核较大及以上风险作业项目的风险管控措施；监督检查相关部门和单位对特殊气象条件、电网和作业风险预警预控措施的落实情况。

三、作业风险管控流程

作业安全风险管控遵循"全面评估、分级管控"原则，强化"管专业必须管安全"，依托安全生产风险管控平台（以下简称平台，含 App）实施全过程管理，包括计划管理、风险识别、评估定级、管控措施制定、作业风险管控督查例会、风险公示告知、现场风险管控、评价考核等环节，工作流程如图 3-6 所示。

（一）计划管理

（1）计划编制应结合设备状态、电网需求、基建技改及用户工程、保供电、气候特点、承载力、物资供应等因素，统筹协调各专业。

（2）作业任务应统筹考虑月度停电计划、管理和作业承载能力等情况，避免同时段高风险作业叠加。

（3）生产检修、大修技改、基建工程、营销作业、配（农）网工程、信息通信、产业单位承揽的内外部施工业务均应纳入作业计划，并及时、完整、准确地集成或录入平台，通过平台对作业计划实施刚性管理，严禁无计划作业。

（4）作业计划应包括作业内容、作业时间、作业地点、作业人数、工作票种类、专业类型、风险等级、风险要素、作业单位、工作负责人及联系方式、到岗到位人员信息等内容。

作业风险管控工作流程图

	作业班组（施工项目部）	二级机构（作业单位、业主项目部）	市（县）公司级单位	省公司级单位	总部（分部）
计划管控、风险评估与定级	开始 → 编制作业计划任务 → 组织现场勘察 → 作业风险识别、评估	组织现场勘察 → 作业风险识别、评估	组织现场勘察 → 作业风险识别、评估 → 专业评估、平衡会商 → 周作业风险定级审批		
风险管控措施编制审核	接收作业信息 → 班组承载力分析：人 → "三措"审批 → "两票"审批	按照周计划、作业风险组织编制管控措施、布置日作业任务 → 班组承载力分析：班组 → "三措"审批 → "两票"审批	班组承载力分析：班组 → "三措"审批 → "两票"审批		
风险管控督查与公示	接收风险信息	风险公示	审核管控措施 → 风险公示 → 会议督查	生产二级或基建二级以上 专业核查监督 → 风险公示 → 会议督查	会议督查
作业现场风险管控	作业条件复核 → 安全措施布置 → 许可开工 → 安全交底（站班会） → 现场作业、作业监护 → 验收及工作终结 → 班后会 → 结束	到岗到位 → 安全监督检查	到岗到位 → 安全监督检查	到岗到位 → 安全监督检查	安全监督检查

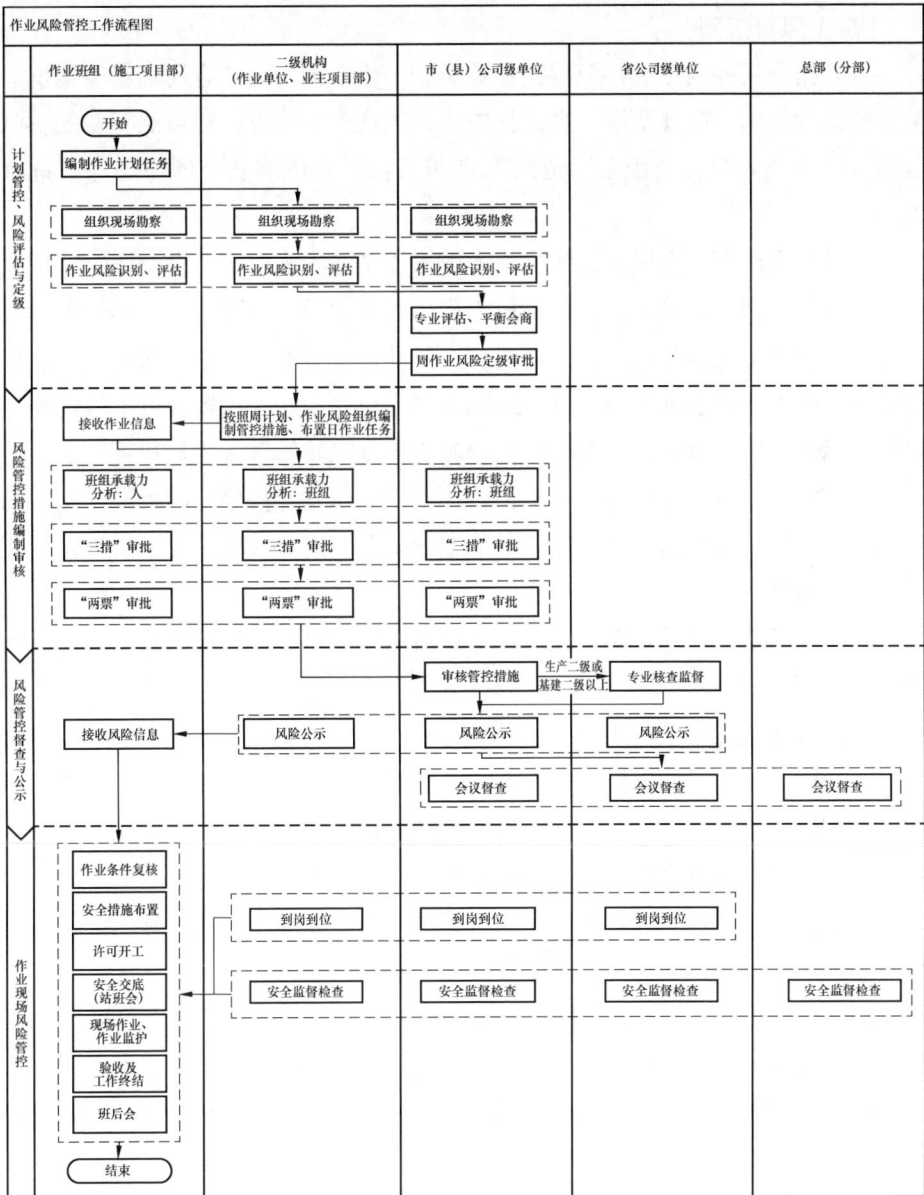

图3-6 作业风险管控工作流程

（5）作业计划按照"谁管理、谁负责"的原则实行分层分级管理。各专业计划管理人员应明确。严格计划编审、发布与执行的全过程监督管控。

（6）禁止随意更改和增减作业计划，特殊情况需追加或者变更作业计划，应履行审批手续后方可实施。

（二）风险识别

（1）作业任务确定后，应根据作业类型、作业内容，结合现场勘察情况，以防控人身触电、高处坠落、物体打击、机械伤害为重点，对可能存在的影响电网、设备及人身安全因素、危险源点和其他可能影响安全的薄弱环节进行识别。

（2）现场勘察一般应由工作负责人或工作票签发人组织，设备运维管理单位和作业单位相关人员参加；承发包工程作业应由项目主管部门、单位组织，设备运维管理单位和作业单位共同参与；对涉及多专业、多单位的大型复杂作业项目，应由项目主管部门、单位组织相关人员共同参与；输变电工程现场勘察参照《国家电网有限公司输变电工程施工安全风险管理规程》执行。

（3）现场勘察应填写现场勘察记录，包括工作地点需停电的范围，保留的带电部位，作业现场的条件、环境及其他危险点、需要采取的安全措施，附图及说明等内容。

（4）现场勘察记录是作业风险评估定级、编制"三措"和填写、签发工作票的依据。

（三）评估定级

（1）作业风险评估定级一般由工作票签发人或工作负责人组织，涉及多专业、多单位共同参与的大型复杂作业，应由作业项目主管部门、单位组织开展。

（2）根据安全风险的可能性、后果严重程度，作业风险从高到低分为一到五级。同一作业计划（日）内包含多个工序、不同等级风险工作时，按就高原则确定。

（3）生产作业、配（农）网工程施工作业、营销作业参照典型生产作业风险定级库进行风险定级；输变电工程按照《国家电网有限公司输变电工程施工安全风险管理规程》执行；迁改工程施工作业参照上述对应专业风险定级要求执行。

（4）一级风险作业不得直接实施，必须通过组织、技术措施降为二级及以下风险后方可实施。遇有恶劣天气、连续工作超 8 小时、夜间作业等情况宜提高风险等级进行管控。

（5）评估为三级及以上风险的作业计划，应由各单位专业管理部门（项目管理部门）审核确认，并实施风险预警：由作业单位填写作业安全风险预警管控单（见图 3-7），专业管理部门审核风险评估准确性、风险控制措施合理性，明确到岗到位和安全督查人员；三级作业风险由各单位专业管理部门负责人签发，四级作业风险由市公司级单位分管领导签发；工作终结时风险预警解除。作业安全风险预警工作流程见图3-8。

<h2 align="center">作业安全风险管控单（模板）</h2>

××单位××专业〔××××年〕××号

发布部门（盖章）　　　　　　　　　　　发布日期：××××年××月××日

作业单位（部门）				
作业班组		工作负责人		
作业内容				
风险分析				
预警计划时间	××××年××月××日××时			
预警解除时间			风险等级	
管控措施				
现场勘察记录				
三措				
工作票				
危险点分析和控制				
到岗到位人员	姓名		联系电话	
安全督查人员	姓名		联系电话	
编制人员	姓名		联系电话	
审核人员	姓名		联系电话	
签发人员	姓名		联系电话	

图3-7　作业安全风险预警管控单

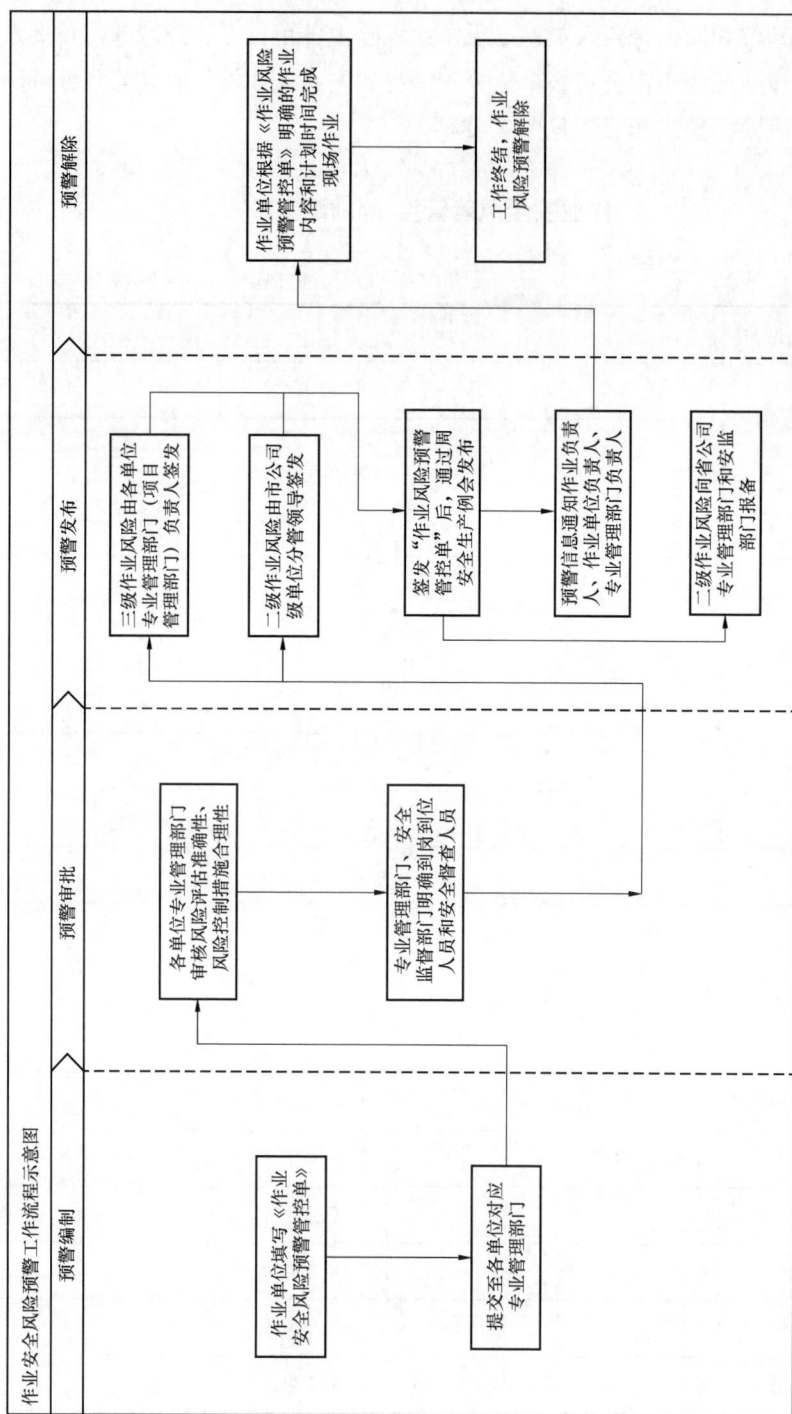

图 3－8 作业安全风险预警工作流程图

（四）管控措施制定

（1）作业风险管控措施由作业班组、相关专业管理部门和单位分级策划制定，并经逐级审批。四、五级风险作业，风险管控措施应由二级机构组织审核；工程施工作业由施工项目部审核。三级风险作业，风险管控措施应由地市级单位专业管理部门组织审核；工程施工作业由业主项目部审核。二级风险作业，风险管控措施应由地市级单位分管领导组织审核；工程施工作业由建设管理单位专业管理部门组织审核。

（2）开展班组员工承载力分析，合理安排作业力量。工作负责人胜任工作任务，作业人员技能、安全等级符合工作需要，管理人员到岗到位。

（3）组织协调停电手续办理，落实动态风险预警措施，做好外协单位或需要其他配合单位的联系工作。

（4）资源调配满足现场工作需要，提供必要的设备材料、备品备件、车辆、机械、作业机具以及安全工器具等。

（5）科学严谨制定方案。根据现场勘察情况组织制定施工"三措"（组织措施、技术措施、安全措施）、作业指导书，有针对性和可操作性。危险性、复杂性和困难程度较大的作业项目工作方案，应经本单位批准后结合现场实际执行。

（6）组织方案交底。组织工作负责人等关键人、作业人员（含外协人员）、相关管理人员进行交底，明确工作任务、作业范围、安全措施、技术措施、组织措施、作业风险及管控措施。

（7）因现场作业条件变化引起风险等级调整的，应重新履行识别、评估、定级和管控措施制定审核等工作程序。

（五）风险管控督查例会

省公司、地市公司、县公司级单位按周组织作业风险管控工作督查会议，对本单位作业风险管控工作情况进行督查。

省公司级单位每周由副总师及以上负责人主持、安监部门牵头召开督查会议，对本单位作业风险管控情况和各专业二级及以上作业风险评估定级、管控措施制定等进行督查。

地市级单位每周由副总师及以上负责人主持、安监部门牵头召开督查会议，对本单位作业风险管控情况和各专业三级及以上作业风险评估定级、管控措施制定等进行督查。

县级单位每周由分管领导及以上负责人主持、安监部门牵头召开督查会议，对本单位作业风险管控情况和各专业四级及以上作业风险评估定级、管控措施制定等进行督查。

（六）风险公示告知

（1）地市（县）公司级单位、二级机构以审定的作业计划、风险等级、管控措施为依据，每周日前对本层级（不含下层级）管理的下周所有作业风险进行全面公示。

（2）风险公示内容应包括作业内容、作业时间、作业地点、专业类型、风险等级、风险因素、作业单位、工作负责人姓名及联系方式、到岗到位人员信息等。

（3）地市（县）公司级单位作业风险内容由安监部门汇总后在本单位网页公告栏内进行公示；各中心、项目部等二级机构均应在醒目位置张贴作业风险内容。

（七）现场风险管控

现场实施主要风险包括电气误操作、继电保护"三误"（误碰、误整定、误接线）、触电、高处坠落、机械伤害等。

现场实施风险管控主要措施与要求如下：

（1）严格执行工作票、操作票制度。正确使用工作票、动火工作票、二次安全措施票和事故应急抢修单，解锁操作应严格履行审批手续，并实行专人监护，接地线编号与操作票、工作票一致。

（2）严格执行状态交接制度。许可工作前工作许可人、工作负责人共同检查及确认现场安全措施，必要时进行补充完善，并做好相关记录。

（3）组织站班会，交待工作内容、人员分工、带电部位和现场安全措施，告知危险点及防控措施。核实作业机具、安全工器具和个人安全防护用品，确保合格有效；核实作业人员是否具备安全准入资格、特种作业人员是否持证上岗、特种设备是否检测合格。

（4）工作票（作业票）签发人或工作负责人对有触电危险、施工复杂容易发生事故的作业应增设专责监护人，确定被监护的人员和监护范围，专责监护人不得兼做其他工作。

（5）现场作业过程中，工作负责人、专责监护人应始终在作业现场，严格执行工作监护和间断、转移等制度，做好现场工作的有序组织和安全监护。工作负责人重点抓好作业过程中危险点管控，应用移动作业 App 检查和记录现场安全措施落实情况。

（6）建立健全生产作业到岗到位管理制度，明确到岗到位标准和工作内容，实行分层分级管理：三级风险作业，相关地市级单位或专业管理部门、县公司级单位负责人或管理人员应到岗到位；二级风险作业，相关地市级单位分管领导或专业管理部门负责人应到岗到位；涉及多专业、多单位的生产作业项目，地市级单位相关部门和单位应分别到岗到位；输变电工程到岗到位要求按照《国家电网有限公司输变电工程建设安全管理规定》执行。

（7）加强作业现场安全监督检查，对各类作业现场开展"四不两直"（不发通知、不打招呼、不听汇报、不陪同接待、直奔基层、直插现场）现场和远程视频安全督查。省公司级单位应对所辖范围内的二级风险作业现场开展全覆盖督查。地市公司级单位应对所辖范围内的三级及以上风险作业现场开展全覆盖督查。县公司级单位对所辖范围内的作业现场开展全覆盖督查。

（8）现场工作结束后，工作负责人恢复设备至工作许可前设备状态，配合设备运维管理单位做好验收工作，核实工器具、视频监控设备回收情况，清点作业人员，应用移动作业 App 做好工作终结记录。

（9）工作结束后组织全体班组人员召开班后会，对作业现场安全管控措施落实及"两票三制"执行情况进行总结评价。

（八）评价考核

（1）定期分析评估作业风险管控工作执行情况，督促落实安全管控工作标准和措施，持续改进和提高作业安全管控工作水平。

（2）将作业风险管控工作纳入日常督查工作内容，将无计划作业、随意变更作业计划、风险评估定级不严格、管控措施不落实等情形纳入违章行为，进行严肃通报处罚。

（九）应急处置

针对现场具体作业项目编制风险失控现场处置方案，组织作业人员学习并掌握现场处置方案。现场工作人员应定期接受培训，学会紧急救护法，会正确解脱电源，会心肺复苏法，会转移搬运伤员等。

四、典型作业安全风险辨识与控制

典型作业安全风险辨识与控制主要包括业扩报装、客户服务、反窃查违、室内检定、现场检验、装拆运维、现场抄表、充电站现场（施工、验收、巡视、故障抢修）、综合能源业务等典型作业的安全风险辨识与控制，具体见表3-10～表3-18。

（一）业扩报装作业

表3-10　　　　　　　　业扩报装作业安全风险辨识与控制

序号	辨识项目	辨识内容	典型预控措施
1	人身触电	（1）误碰带电设备	1）在电气设备上作业时，应将未经验电的设备视为带电设备。 2）在高、低压设备上工作，应至少由两人进行，并完成保证安全的组织措施和技术措施。 3）工作人员应正确使用合格的安全绝缘工器具和个人劳动防护用品。 4）高、低压设备应根据工作票所列安全要求，落实安全措施。涉及停电作业的应实施停电、验电、挂接地线、悬挂标示牌后方可工作。工作负责人应会同工作票许可人确认停电范围、断开点、接地、标示牌正确无误。工作负责人在作业前应要求工作票许可人当面验电；必要时工作负责人还应使用自带验电器（笔）重复验电。 5）工作票许可人应指明作业现场周围的带电部位，工作负责人确认无倒送电的可能。 6）应在作业现场装设临时遮栏，将作业点与邻近带电间隔或带电部位隔离。作业中应保持与带电设备的安全距离。 7）严禁工作人员未履行工作许可手续擅自开启电气设备柜门或操作电气设备。 8）严禁在未采取任何监护措施和保护措施的情况下现场作业。 9）严禁擅自扩大工作范围、增加或变更工作任务，严禁擅自变更安全措施。增加工作任务时，如不涉及停电范围及安全措施的变化，现有条件可以保证作业安全，经工作票签发人和工作许可人同意后，可以使用原工作票，但应在工作票上注明增加的工作项目，并告知作业人员。如果增加工作任务时涉及变更或增设安全措施时，应先办理工作票终结手续，然后重新填用新的工作票，履行签发、许可手续后，方可继续工作
		（2）走错工作位置或间隔	1）工作负责人对工作班成员应进行安全教育，作业前对工作班成员进行危险点告知，明确指明带电设备位置，交待工作地点及周围的带电部位及安全措施和技术措施，并履行签名确认手续。 2）相邻有带电间隔和带电部位，必须装设临时遮栏并设专人监护。 3）核对工作票、故障处理工作单内容与现场信息是否一致。 4）在工作地点设置"在此工作"标示牌
		（3）计量柜（箱）漏电	工作前应用验电笔（器）对金属计量柜（箱）进行验电，并检查计量柜（箱）接地是否可靠
		（4）短路或接地	工作中使用的工具，其外裸的导电部位应采取绝缘措施，防止操作时相间或相对地短路
		（5）停电作业发生倒送电	1）工作负责人应会同工作许可人现场确认作业点已处于检修状态，并使用验电器（笔）验证确无电压。 2）确认作业点安全隔离措施，各方面电源、负载端必须有明显断开点。 3）确认作业点电源、负载端均已装设接地线，接地点可靠。 4）自备发电机只能作为试验电源或工作照明用，严禁接入其他电气回路

续表

序号	辨识项目	辨识内容	典型预控措施
1	人身触电	（6）现场安全距离不够而引起触电	根据带电设备的电压等级，工作人员应注意保持与带电体的安全距离不小于《安规》中规定的距离
		（7）雷电伤害	室外工作应注意天气，雷雨天禁止作业
		（8）电容器放电	对有电容器补偿装置的客户，应先断开补偿装置开关，并逐相充分放电
		（9）工作前未进行验电，或未使用相应电压等级、合格的验电器进行验电	1）工作前应先验电。 2）使用相应电压等级、合格的验电器，高压验电应戴绝缘手套、穿绝缘靴。 3）工作前应在有电设备上对验电笔（器）进行测试，确证良好，无法在有电设备上进行验电时，可用工频高压发生器等确证验电器良好。 4）对无法直接验电的设备应间接验电，即通过设备的机械位置指示、电气指示、带电显示装置、仪表及各种遥测、遥信等信号的变化来判断。判断时，至少应有两个非同样原理或非同源的指示发生对应变化，且所有这些确定的指示均已同时发生对应变化，方可确认该设备已无电压
		（10）人员误入作业现场触电	现场应装设遮栏（围栏），悬挂"止步，高压危险！"的标示牌，并有专人监护，严禁非工作人员进入工作场地
		（11）工作终结后，又到设备上工作	1）办理工作终结手续前，工作负责人应监督工作班成员整理好仪器仪表、工器具，恢复作业前设备。 2）办理工作终结手续后，工作负责人应监督所有工作班成员离开作业现场，防止工作班成员未经允许重新回到作业现场，造成安全事故
2	人身伤害	（1）箱（柜）体爆炸或箱（柜）门异常关闭引起伤害	1）对运行时间较长且未安装牢固的杆上箱（柜），严禁现场开箱操作。 2）当打开计量箱（柜）门进行检查或操作时，应站位至箱门侧面，减小箱内设备异常引发爆炸带来的伤害。 3）箱门开启后应采取有效措施对箱门进行固定，防范由于刮风或触碰造成箱门异常关闭而导致伤害。 4）应防止表箱（柜）门坠落伤害工作人员，将不牢固的上翻式表箱门拆卸，检验后恢复装回
		（2）在基建场所，人员被铁钉刺伤或跌入孔沟	1）基建场所工况复杂，作业人员必须穿工作服、戴安全帽，携带必要的照明器材。 2）应对作业范围内的坑、孔、沟等铺设符合安全要求的盖板或设可靠的围栏、挡板及安全标志，人员相互提醒并加强监护
		（3）夏季高温天气连续作业，人员中暑	夏季高温季节应调整作业时间，避开高温时段，做好防暑降温工作，并加强人员精神状态检查
		（4）气体中毒（窒息）	1）进入 SF_6 电气设备室，入口处若无 SF_6 气体含量显示器，应先通风15min，并用检漏仪测量含氧量（不低于18%）和 SF_6 气体含量合格。 2）尽量避免一人进入 SF_6 电气设备室进行巡视，不准一人进入从事检修工作
		（5）特殊作业区域未做好个人防护	1）根据作业区域的不同，采取不同的防护等级。 2）原则上不进入隔离病区等区域，如进入须在专业的医务人员指导下穿戴防护用品，严格执行防护措施
		（6）使用不合格工器具	按规定对各类需要检验的工器具进行定期试验并检查，确保使用合格的工器具

续表

序号	辨识项目	辨识内容	典型预控措施
3	高处作业	（1）高处作业操作不当	1）高处作业人员应衣着灵便，衣袖、裤脚应扎紧，穿软底防滑鞋，并正确佩戴个人防护用具。 2）高处作业应搭设脚手架、使用高空作业车、升降平台或其他防止坠落的措施。 3）高度超过1.5m的作业应使用安全带，安全带应系在牢固的构件上，严禁低挂高用。 4）高处作业过程中，应随时检查安全带绑扎的牢靠情况
		（2）绝缘梯使用不当	1）营销现场近电作业不得使用金属梯，运行的变电站内作业应使用绝缘梯，其他营销现场作业宜使用绝缘梯。 2）使用前检查梯子的外观，以及编号、检验合格标识，确认符合安全要求。 3）使用梯子前，应先进行试登，确认可靠后方可使用。有人员在梯子上工作时，梯子应有人扶持和监护。 4）梯子应有防滑措施与限高标识，使用单梯工作时，梯子与地面的斜角度为60°左右，梯子不得绑接使用，人字梯应有限制开度的措施，人在梯子上时，禁止移动梯子。严禁两人或多人进行登高作业。 5）在户外变电站、配电站和高压室内搬动梯子、管子等长物，应放倒，由两人搬运，并与带电部分保持足够的安全距离
		（3）使用不合格登高用安全工器具	按规定对各类登高用工器具进行定期试验和检查，确保使用经检验合格且在有效期内的工器具
		（4）高空抛物、坠物	1）高处作业所用的工具和材料应放在工具袋内或用绳索拴在牢固的构件上，较大的工具应系保险绳。 2）上下传递材料、工器具应使用绳索，严禁上下抛掷；邻近带电线路、设备作业的，应使用绝缘绳索。 3）高处作业，除有关人员外，他人不得在工作地点的下面通行或逗留，工作地点下面应有遮栏（围栏）或装设其他保护措施
4	设备损坏	仪器仪表损坏	1）操作过程中应正确设定仪器仪表的量程，规范使用。 2）防止接线时压接不牢固、接线错误导致设备损坏。 3）严格按照使用说明书进行操作
5	信息安全风险	（1）敏感数据外泄	1）严格进行计算机及外设管理，严禁违规外联。 2）操作系统需安装防病毒软件并及时更新升级，检验软件需设置强口令。 3）严格数据管理，防范敏感数据批量导出
		（2）账号密码泄露	相关信息系统应妥善保管账号及密码，不得随意授予他人
		（3）专用电子设备外接	加强移动作业终端等专用电子类设备管理，防止设备丢失造成专用设备外接引起内网环境被攻击事件的发生
6	作业结束	受控材料、工器具遗失在作业现场	1）严格按照相关管理规定和工作标准，对现场做到"三清"（清扫、清点、清查）。 2）受控材料应有专人管理

（二）客户服务作业

表 3-11　　　　　　　客户服务作业安全风险辨识与控制

序号	辨识项目	辨识内容	典型预控措施
1	人身触电	（1）误碰带电设备	1）在电气设备上作业时，应将未经验电的设备视为带电设备。 2）在高、低压设备上工作，应至少由两人进行，并完成保证安全的组织措施和技术措施。 3）工作人员应正确使用合格的安全绝缘工器具和个人劳动防护用品。 4）高、低压设备应根据工作票所列安全要求，落实安全措施。涉及停电作业的应实施停电、验电、挂接地线、悬挂标示牌后方可工作。工作负责人应会同工作票许可人确认停电范围、断开点、接地、标示牌正确无误。工作负责人在作业前应要求工作票许可人当面验电；必要时工作负责人还可使用自带验电器（笔）重复验电。 5）工作票许可人应指明作业现场周围的带电部位，工作负责人确认无倒送电的可能。 6）应在作业现场装设临时遮栏，将作业点与邻近带电间隔或带电部位隔离。作业中应保持与带电设备的安全距离。 7）严禁工作人员未履行工作许可手续擅自开启电气设备柜门或操作电气设备。 8）严禁在未采取任何监护措施和保护措施的情况下现场作业。 9）严禁擅自扩大工作范围、增加或变更工作任务，严禁擅自变更安全措施。增加工作任务时，如不涉及停电范围及安全措施的变化，现有条件可以保证作业安全，经工作票签发人和工作许可人同意后，可以使用原工作票，但应在工作票上注明增加的工作项目，并告知作业人员。如果增加工作任务时涉及变更或增设安全措施时，应先办理工作票终结手续，然后重新填用新的工作票，履行签发、许可手续后，方可继续工作
		（2）走错工作位置或间隔	1）工作负责人对工作班成员应进行安全教育，作业前对工作班成员进行危险点告知，明确指明带电设备位置，交待工作地点及周围的带电部位及安全措施和技术措施，并履行签名确认手续。 2）相邻有带电间隔和带电部位，必须装设临时遮栏并设专人监护。 3）核对工作票、故障处理工作单内容与现场信息是否一致。 4）在工作地点设置"在此工作"标示牌
		（3）计量柜（箱）、电动工具漏电	1）工作前应用验电笔（器）对金属计量柜（箱）进行验电，并检查计量柜（箱）接地是否可靠。 2）电动工具外壳必须可靠接地，其所接电源必须装有漏电保护器，使用金属外壳的电动工具应戴绝缘手套
		（4）短路或接地	工作中使用的工具，其外裸的导电部位应采取绝缘措施，防止操作时相间或相对地短路
		（5）现场安全距离不够而引起触电	根据带电设备的电压等级，工作人员应注意保持与带电体的安全距离不小于《安规》中规定的距离
		（6）雷电伤害	室外工作应注意天气，雷雨天禁止作业
		（7）电容器放电	对有电容器补偿装置的客户，应先断开补偿装置开关，并逐相充分放电

序号	辨识项目	辨识内容	典型预控措施
1	人身触电	（8）工作前未进行验电，或未使用相应电压等级、合格的验电器进行验电	1）工作前应先验电。 2）使用相应电压等级、合格的验电器，高压验电应戴绝缘手套、穿绝缘靴。 3）工作前应在有电设备上对验电笔（器）进行测试，确保良好，无法在有电设备上进行验电时，可用工频高压发生器等确证验电器良好。 4）对无法直接验电的设备应间接验电，即通过设备的机械位置指示、电气指示、带电显示装置、仪表及各种遥测、遥信等信号的变化来判断。判断时，至少应有两个非同样原理或非同源的指示发生对应变化，且所有这些确定的指示均已同时发生对应变化，方可确认该设备已无电压
		（9）人员误入作业现场触电	现场应装设遮栏（围栏），悬挂"止步，高压危险！"的标示牌，并有专人监护，严禁非工作人员进入工作场地
		（10）工作终结后，又到设备上工作	1）办理工作终结手续前，工作负责人应监督工作班成员整理好仪器仪表、工器具，恢复作业前设备。 2）办理工作终结手续后，工作负责人应监督所有工作班成员离开作业现场，防止工作班成员未经允许重新回到作业现场，造成安全事故
2	人身伤害	（1）箱（柜）体爆炸或箱（柜）门异常关闭引起伤害	1）对运行时间较长且未安装牢固的杆上箱（柜），严禁现场开箱操作。 2）当打开计量箱（柜）门进行检查或操作时，应站位至箱门侧面，减小箱内设备异常引发爆炸带来的伤害。 3）箱门开启后应采取有效措施对箱门进行固定，防范由于刮风或触碰造成箱门异常关闭而导致伤害。 4）应防止表箱（柜）门坠落伤害工作人员，将不牢固的上翻式表箱门拆卸，检验后恢复装回
		（2）电动工具使用不当	加强监督与检查，使用转动的电动工具不得使用手套，不得手提导线或转动部分
		（3）在基建场所，人员被铁钉刺伤或跌入孔沟	1）基建场所工况复杂，作业人员必须穿工作服、戴安全帽，携带必要的照明器材。 2）应对作业范围内的坑、孔、沟等铺设符合安全要求的盖板或设可靠的围栏、挡板及安全标志，人员相互提醒并加强监护
		（4）夏季高温天气连续作业，人员中暑	夏季高温季节应调整作业时间，避开高温时段，做好防暑降温工作，并加强人员精神状态检查
		（5）气体中毒（窒息）	1）进入 SF_6 电气设备室，入口处若无 SF_6 气体含量显示器，应先通风 15min，并用检漏仪测量含氧量（不低于 18%）和 SF_6 气体含量合格。 2）尽量避免一人进入 SF_6 电气设备室进行巡视，不准一人进入从事检修工作
		（6）使用不合格工器具	按规定对各类需要检验的工器具进行定期试验并检查，确保使用合格的工器具

序号	辨识项目	辨识内容	典型预控措施
3	高处作业	（1）高处作业操作不当	1）高处作业人员应衣着灵便，衣袖、裤脚应扎紧，穿软底防滑鞋，并正确佩戴个人防护用具。 2）高处作业应搭设脚手架，使用高空作业车、升降平台或其他防止坠落的措施。 3）高度超过1.5m的作业应使用安全带，安全带应系在牢固的构件上，严禁低挂高用。 4）高处作业过程中，应随时检查安全带绑扎的牢靠情况
		（2）绝缘梯使用不当	1）营销现场近电作业不得使用金属梯，运行的变电站内作业应使用绝缘梯，其他营销现场作业宜使用绝缘梯。 2）使用前检查梯子的外观，以及编号、检验合格标识，确认符合安全要求。 3）使用梯子前应先进行试登，确认可靠后方可使用。有人员在梯子上工作时，梯子应有人扶持和监护。 4）梯子应有防滑措施与限高标识；使用单梯工作时，梯子与地面的斜角度为60°左右；梯子不得绑接使用；人字梯应有限制开度的措施；人在梯子上时，禁止移动梯子。严禁两人或多人进行登高作业。 5）在户外变电站、配电站和高压室内搬动梯子、管子等长物，应放倒由两人搬运，并与带电部分保持足够的安全距离
		（3）使用不合格的登高用安全工器具	按规定对各类登高用工器具进行定期试验和检查，确保使用经检验合格且在有效期内的工器具
		（4）高处抛物、坠物	1）高处作业所用的工具和材料应放在工具袋内或用绳索拴在牢固的构件上，较大的工具应系保险绳。 2）上下传递材料、工器具应使用绳索，严禁上下抛掷；邻近带电线路、设备作业的，应使用绝缘绳索。 3）高处作业，除有关人员外，他人不得在工作地点的下面通行或逗留，工作地点下面应有遮栏（围栏）或装设其他保护措施
4	设备损坏	仪器仪表损坏	1）操作过程中应正确设定仪器仪表的量程，规范使用。 2）防止接线时压接不牢固、接线错误导致设备损坏。 3）严格按照使用说明书进行操作
5	客户违约用电或窃电	客户有违约用电或窃电行为	停止工作保护现场，通知和等候用电检查（稽查）人员取证处理
6	信息安全风险	（1）敏感数据外泄	1）严格进行计算机及外设管理，严禁违规外联。 2）操作系统需安装防病毒软件并及时更新升级，检验软件需设置强口令。 3）严格数据管理，防范敏感数据批量导出
		（2）账号密码泄露	相关信息系统应妥善保管账号及密码，不得随意授予他人
		（3）专用电子设备外接	加强移动作业终端等专用电子类设备管理，防止设备丢失造成专用设备外接引起内网环境被攻击事件的发生
7	作业结束	受控材料、工器具遗失在作业现场	1）严格按照相关管理规定和工作标准，对现场做到"三清"（清扫、清点、清查）。 2）受控材料应有专人管理

（三）反窃查违作业

表 3—12　　　　　　　　反窃查违作业安全风险辨识与控制

序号	辨识项目	辨识内容	典型预控措施
1	人身触电	（1）误碰带电设备	1）在电气设备上作业时，应将未经验电的设备视为带电设备。 2）在高、低压设备上工作，应至少由两人进行，并完成保证安全的组织措施和技术措施。 3）工作人员应正确使用合格的安全绝缘工器具和个人劳动防护用品。 4）高、低压设备应根据工作票所列安全要求，落实安全措施。涉及停电作业的应实施停电、验电、挂接地线、悬挂标示牌后方可工作。工作负责人应会同工作票许可人确认停电范围、断开点、接地、标示牌正确无误。工作负责人在作业前应要求工作票许可人当面验电；必要时工作负责人还可使用自带验电器（笔）重复验电。 5）工作票许可人应指明作业现场周围的带电部位，工作负责人确认无倒送电的可能。 6）应在作业现场装设临时遮栏，将作业点与邻近带电间隔或带电部位隔离。作业中应保持与带电设备的安全距离。 7）严禁工作人员未履行工作许可手续擅自开启电气设备柜门或操作电气设备。 8）严禁在未采取任何监护措施和保护措施情况下现场作业。 9）严禁擅自扩大工作范围、增加或变更工作任务，严禁擅自变更安全措施。增加工作任务时，如不涉及停电范围及安全措施的变化，现有条件可以保证作业安全，经工作票签发人和工作许可人同意后，可以使用原工作票，但应在工作票上注明增加的工作项目，并告知作业人员。如果增加工作任务时涉及变更或增设安全措施时，应先办理工作票终结手续，然后重新填用新的工作票，履行签发、许可手续后，方可继续工作
		（2）走错工作位置或间隔	1）工作负责人对工作班成员应进行安全教育，作业前对工作班成员进行危险点告知，明确指明带电设备位置，交待工作地点及周围的带电部位及安全措施和技术措施，并履行签名确认手续。 2）相邻有带电间隔和带电部位，必须装设临时遮栏并设专人监护。 3）核对工作票、故障处理工作单内容与现场信息是否一致。 4）在工作地点设置"在此工作"标示牌
		（3）计量柜（箱）、电动工具漏电	1）工作前应用验电笔（器）对金属计量柜（箱）进行验电，并检查计量柜（箱）接地是否可靠。 2）电动工具外壳必须可靠接地，其所接电源必须装有漏电保护器，使用金属外壳的电动工具应戴绝缘手套
		（4）短路或接地	1）工作中使用的工具，其外裸的导电部位应采取绝缘措施，防止操作时相间或相对地短路。 2）带电装拆电能表时，带电的导线部分应做好绝缘措施
		（5）停电作业发生倒送电	1）工作负责人应会同工作许可人现场确认作业点已处于检修状态，并使用验电器（笔）验证确无电压。 2）确认作业点安全隔离措施，各方面电源、负载端必须有明显断开点。 3）确认作业点电源、负载端均已装设接地线，接地点可靠。 4）自备发电机只能作为试验电源或工作照明用，严禁接入其他电气回路

续表

序号	辨识项目	辨识内容	典型预控措施
1	人身触电	（6）电弧灼伤	1）低压带电作业中使用的工具，其金属裸露部分应采取绝缘措施，防止操作时相间或相对地短路。 2）低压带电作业时，作业人员应穿绝缘鞋和全棉长袖工作服，并戴手套、安全帽和护目镜，站在干燥的绝缘物上进行。 3）低压带电作业时禁止使用锉刀、金属尺和带有金属物的毛刷、毛掸等工具，做好防止相间短路产生弧光的措施
		（7）现场安全距离不够而引起触电	根据带电设备的电压等级，工作人员应注意保持与带电体的安全距离不小于《安规》中规定的距离
		（8）雷电伤害	室外工作应注意天气，雷雨天禁止作业
		（9）电容器放电	对有电容器补偿装置的客户，应先断开补偿装置开关，并逐相充分放电
		（10）工作前未进行验电，或未使用相应电压等级、合格的验电器进行验电	1）工作前应先验电。 2）使用相应电压等级、合格的验电器，高压验电应戴绝缘手套、穿绝缘靴。 3）工作前应在有电设备上对验电笔（器）进行测试，确保良好，无法在有电设备上进行验电时，可用工频高压发生器等确证验电器良好。 4）对无法直接验电的设备应间接验电，即通过设备的机械位置指示、电气指示、带电显示装置、仪表及各种遥测、遥信等信号的变化来判断。判断时，至少应有两个非同样原理或非同源的指示发生对应变化，且所有这些确定的指示均同时发生对应变化，方可确认该设备已无电压
		（11）人员误入作业现场触电	现场应装设遮栏（围栏），悬挂"止步，高压危险！"的标示牌，并有专人监护，严禁非工作人员进入作业场地
		（12）带负荷送电	送电前，确认出线侧开关处于断开位置，并派专人看守，防止有人误合出线侧开关
		（13）工作终结后，又到设备上工作	1）办理工作终结手续前，工作负责人应监督工作班成员整理好仪器仪表、工器具，恢复作业前设备。 2）办理工作终结手续后，工作负责人应监督所有工作班成员离开作业现场，防止工作班成员未经允许重新回到作业现场，造成安全事故
2	人身伤害	（1）箱（柜）体爆炸或箱（柜）门异常关闭引起伤害	1）对运行时间较长且未安装牢固的杆上箱（柜），严禁现场开箱操作。 2）当打开计量箱（柜）门进行检查或操作时，应站位至箱门侧面，减小箱内设备异常引发爆炸带来的伤害。 3）箱门开启后应采取有效措施对箱门进行固定，防范由于刮风或触碰造成箱门异常关闭而导致伤害。 4）应防止表箱（柜）门坠落伤害工作人员，将不牢固的上翻式表箱门拆卸，检验后恢复装回
		（2）电动工具使用不当	加强监督与检查，使用转动的电动工具不得使用手套，不得手提导线或转动部分

续表

序号	辨识项目	辨识内容	典型预控措施
2	人身伤害	（3）在基建场所，人员被铁钉刺伤或跌入孔沟	1）基建场所工况复杂，作业人员必须穿工作服、戴安全帽，携带必要的照明器材。 2）应对作业范围内的坑、孔、沟等铺设符合安全要求的盖板或设可靠的围栏、挡板及安全标志，人员相互提醒并加强监护
		（4）夏季高温天气连续作业，人员中暑	夏季高温季节应调整作业时间，避开高温时段，做好防暑降温工作，并加强人员精神状态检查
		（5）气体中毒（窒息）	1）进入 SF_6 电气设备室，入口处若无 SF_6 气体含量显示器，应先通风 15min，并用检漏仪测量含氧量（不低于 18%）和 SF_6 气体含量合格。 2）尽量避免一人进入 SF_6 电气设备室进行巡视，不准一人进入从事检修工作
		（6）暴力阻止、攻击、伤害检查人员	1）现场发现用户有抵制或破坏迹象时，积极主动沟通，缓解用户情绪，化解矛盾和冲突。 2）发现用户有异常或过激行为时，启动现场应急处置预案。 3）做好保护人员和固证的防范措施。 4）向上级汇报或现场报警
		（7）遭遇动物突然袭击	1）做好防范措施，根据实际需要，可配备驱狗器、打狗棒等防止被狗、蛇等动物咬伤的装备。 2）携带必要的救助药品，学会紧急救护法
		（8）使用不合格工器具	按规定对各类需要检验的工器具进行定期试验并检查，确保使用合格的工器具
3	高处作业	（1）高处作业操作不当	1）高处作业人员应衣着灵便，衣袖、裤脚应扎紧，穿软底防滑鞋，并正确佩戴个人防护用具。 2）高处作业应搭设脚手架，使用高空作业车、升降平台或其他防止坠落的措施。 3）高度超过 1.5m 的作业应使用安全带，安全带应系在牢固的构件上，严禁低挂高用。 4）高处作业过程中，应随时检查安全带绑扎的牢靠情况
		（2）绝缘梯使用不当	1）营销现场近电作业不得使用金属梯，运行的变电站内作业应使用绝缘梯，其他营销现场作业宜使用绝缘梯。 2）使用前检查梯子的外观，以及编号、检验合格标识，确认符合安全要求。 3）使用梯子前，应先进行试登，确认可靠后方可使用。有人员在梯子上工作时，梯子应有人扶持和监护。 4）梯子应有防滑措施与限高标识。使用单梯工作时，梯子与地面的斜角度为 60° 左右；梯子不得绑接使用，人字梯应有限制开度的措施；人在梯子上时，禁止移动梯子。严禁两人或多人进行登高作业。 5）在户外变电站、配电站和高压室内搬动梯子、管子等长物，应放倒由两人搬运，并与带电部分保持足够的安全距离
		（3）使用不合格的登高用安全工器具	按规定对各类登高用工器具进行定期试验和检查，确保使用经检验合格且在有效期内的工器具

续表

序号	辨识项目	辨识内容	典型预控措施
3	高处作业	（4）高处抛物、坠物	1）高处作业所用的工具和材料应放在工具袋内或用绳索拴在牢固的构件上，较大的工具应系保险绳。 2）上下传递材料、工器具应使用绳索，严禁上下抛掷；邻近带电线路、设备作业的，应使用绝缘绳索。 3）高处作业，除有关人员外，他人不得在工作地点的下面通行或逗留，工作地点下面应有遮栏（围栏）或装设其他保护措施
4	设备损坏	仪器仪表损坏	1）操作过程中应正确设定仪器仪表的量程，规范使用。 2）防止接线时压接不牢固、接线错误导致设备损坏。 3）严格按照使用说明书进行操作
5	信息安全风险	（1）敏感数据外泄	1）严格进行计算机及外设管理，严禁违规外联。 2）操作系统需安装防病毒软件并及时更新升级，检验软件需设置强口令。 3）严格数据管理，防范敏感数据批量导出
		（2）账号密码泄露	相关信息系统应妥善保管账号及密码，不得随意授予他人
		（3）专用电子设备外接	加强移动作业终端等专用电子类设备管理，防止设备丢失造成专用设备外接引起内网环境被攻击事件的发生
6	法律风险	（1）廉政风险	1）反窃电工作人员全员签订《廉洁从业承诺书》，定期开展廉洁从业学习教育活动。 2）工单派发前做好保密工作，防止窃电嫌疑名单和举报人信息泄露。 3）落实查处分离和分级审批制度。 4）常态开展窃查处情况复查复核
		（2）取证举证不力	现场检查时，应至少有两名及以上工作人员，并履行派工手续。至少配备两台音视频记录仪，确保取证过程全程记录，涉及录音电话取证的，须明确告知当事人。从进入用户大门或小区一直到整个检查流程结束，全程无中断录像，录像内容包括但不限于： 1）主动向被检查的用户出示工作证并口头介绍身份与工作内容的过程。 2）通知用户一同进行检查的过程，有条件时邀约公安或物业管理等第三方人员全程协同见证过程。 3）开表箱（计量柜）的过程，检查封印、户号、电能表编号、示数等重要部位的过程，通过技术手段读取电能表数据的过程，检查互感器铭牌、变压器铭牌的过程。 4）填写"用电检查结果通知书"的过程，向用户送达"用电检查结果通知书"的过程，用户签名或拒签的过程。居民用户需体现检查计量装置与用户门牌的对应关系，现场用户与户主的关系。 5）拆卸计量装置，封入物证封装袋（箱），并由供电方、用户、见证方（如有）三方在物证封装袋（箱）签字的过程
7	作业结束	（1）工作后计量装置接线恢复错误	1）工作中认清设备接线标识，严格按照规程进行安装，一人操作一人监护。 2）工作完成后，要进行检查核验，确保接线正确
		（2）受控材料、工器具遗失在作业现场	1）严格按照相关管理规定和工作标准，对现场做到"三清"（清扫、清点、清查）。 2）受控材料应有专人管理

（四）室内检定作业

表 3-13　　　　　　室内检定作业安全风险辨识与控制

序号	辨识项目	辨识内容	典型预控措施
1	人身触电	（1）误碰带电部位	1）试验区域应设安全围栏和警示标志，试验过程中应设专人监护。 2）试验过程中，任何人不得进入试验区域。 3）设备应可靠接地并绝缘良好。 4）试验过程中接线和拆除时，应先切断装置电源。 5）耐压试验后，应使用专用放电棒对地释放剩余电荷。 6）设备检修时，应切断装置电源，并设专人监护。 7）加强对工作人员的日常安全教育和学习，养成良好的作业习惯
		（2）设备、工器具漏电	1）试验设备应可靠接地，且绝缘良好。 2）电动工具的外壳必须可靠接地，并装有漏电保护器。 3）试验接地和保护接地应分开设置。 4）电源盘必须带漏电保护
		（3）走错工作位置	1）工作负责人对工作班成员应交待工作任务，进行安全教育，作业前对工作班成员进行危险点告知，明确指明带电设备位置，交待安全措施和技术措施。 2）相邻有多个试验区域，不得进入与自己无关的试验区域
		（4）跨越或拆除安全围栏，无关人员进入试验区域	1）试验区域应设安全围栏，围栏上悬挂适当数量的"止步，高压危险！"标示牌，标示牌应朝向围栏外面。 2）试验过程中应设专人监护，防止工作人员跨越或拆除安全围栏或无关人员进入试验区域
		（5）测试线和电源线胶皮破损	1）严禁踩踏测试线和电源线。 2）设备和被试品搬动过程中严禁挤压测试线和电源线。 3）收线时，严禁拖动测试线
		（6）二次绕组开路产生高压	1）二次端子应接线牢固。 2）更换电流量程时，一次绕组电流应降为零，调压器的粗调、微调旋钮应回零。 3）接线和拆除时应切断装置电源。 4）试验时应站在绝缘垫上
		（7）接线和拆除时未切断装置电源	1）试验过程中应专人监护。 2）接线和拆除前试验电源高压端应挂接地棒。 3）加强对工作人员的日常安全教育和学习，养成良好的作业习惯
		（8）试验中触电或试验后剩余电荷引起触电	1）试验过程中应有专人监护。 2）耐压试验后，应使用放电棒对地释放剩余电荷。 3）工作班成员应正确佩戴安全帽、棉质长袖工作服、绝缘手套、绝缘鞋等劳动保护用品
2	人身伤害	（1）周转箱堆放过高，倒塌伤人	1）禁止无关人员进入周转箱堆放区域。 2）周转箱应堆放在规定区域，堆放高度适宜
		（2）工器具使用过程中伤人	1）加强监护，正确使用工器具。 2）按规定对各类工器具进行定期试验和检查，确保使用合格的工器具。 3）工器具应定置摆放

序号	辨识项目	辨识内容	典型预控措施
2	人身伤害	（3）检测装置使用过程中引起机械伤害	1）加强监护，正确使用检测装置。 2）检测装置上电运行前，先确认装置工位上是否有杂物。 3）禁止在检测装置运行过程中用手或其他工具接触传送线体和伺服转动机构
		（4）搬运过程中伤人	1）一次搬运待检设备适量。 2）搬运过程中轻拿轻放。 3）吊运或托盘转运时，应将设备固定牢靠，防止摔落、倾倒伤人
		（5）进入上、下料机器人区域，引起机械伤害（电能表、低压互感器、采集终端自动化检定）	1）设置安全围栏，防止人员误入机器人工作区域。 2）机器人异常处理时，应可靠停机。 3）机器人异常处理时，应戴安全帽，并有专人监护
		（6）头发、衣物卷入输送线，引起机械伤害（电能表、低压互感器、采集终端自动化检定）	1）工作人员应按规定着装，并留短发或将头发盘起。 2）输送线工作时，人员不得进入设备区域；输送线检修时应先按下急停开关，应戴安全帽，并有专人监护
		（7）设备检修或异常处理时，气缸动作，引起机械伤害（电能表、低压互感器、采集终端自动化检定）	1）设备检修或异常处理时，应先将设备可靠停机。 2）检修、异常处理时，应戴安全帽，并有专人监护
		（8）长霉试验过程中人身伤害（低压电流互感器全性能试验）	1）试验过程中应使用经认证用于过滤直径范围在1~10mm范围内灰尘的口罩或者是防止生物危害和防止辐射危害的口罩。 2）为减少霉菌跟皮肤接触的危害，在接种时和培养后，应戴防护手套处理菌种、接种以及试样。 3）用过的手套应进行处理，在处理前应进行去污。 4）长霉试验用到的所有试验箱和器械使用后，应立即进行去污。 5）长霉实验室内穿的防护服不应穿到外面
		（9）阻燃试验过程中人身伤害（低压电流互感器全性能试验）	1）试验过程中应佩戴口罩，防止烟尘吸入。 2）更换被试样品应在灼热丝温度降下来后，以免烫伤
3	设备损坏	（1）试验设备、工器具等损坏	1）仔细阅读试验设备、工器具的说明书，选择合适的量程，并正确使用。 2）禁止带负荷切换量程
		（2）接线时压接不牢固或错误	1）接线时，螺钉应紧固并充分接触。 2）加强作业过程中的监护、检查，防止接线时压接不牢固引起设备过热，或错误接线引起的设备损坏
		（3）试验设备过电压损坏	1）试验前检查并确认被试样品、标准器、测量装置、试验电源等各类高压设备的额定电压等级。 2）试验前确认高压测量装置分压比例
		（4）搬运过程中设备掉落损坏	1）一次搬运待检电能表应适量。 2）搬运过程中轻拿轻放，防止电能表掉落导致损坏

序号	辨识项目	辨识内容	典型预控措施
3	设备损坏	（5）工装板被试品放反或定位不准，导致试验工位接线时被试品损坏（电能表、低压互感器、采集终端自动化检定）	1）工作人员不得随意搬/放工装板。 2）检修或异常处理过程需要搬/放工装板时，要保证检修或异常处理完成后，将工装板按原有方向恢复复位。 3）定期检查工位探针，发现损坏及时更换
		（6）机器人上下料取表时，被试品脱落，引起设备、被试品损坏（电能表、低压互感器、采集终端自动化检定）	1）工作人员应加强设备定期保养，确保机器人运转速度、夹具松紧度适宜。 2）在机器人上下料区域下方，宜采取避免设备脱落损坏防护措施
		（7）拆/码垛动作过程中，机械支架或箱体变形造成挤压、箱体倾倒，引起被试品损坏（电能表、低压互感器、采集终端自动化检定）	1）工作人员应加强设备定期保养和监控巡视，及时调整变形支架。 2）定期检查清洗周转箱，停用变形周转箱
		（8）线体上对射位置不准，导致设备损坏（封印全性能试验）	1）检测装置开机前检查各工位对射位置是否准确。 2）检修或异常处理过程需要移动工装时，要保证检修或异常处理完成后，将工装恢复原位
		（9）工位上有杂物，导致挤压变形，引起设备损坏（封印全性能试验）	1）工作人员应加强装置定期保养，确保装置工位上无杂物。 2）试验结束后立即清理样品残屑
4	火灾	线路过载发热，设备损坏引起火灾	1）配置有效期内合格的干粉灭火器或二氧化碳灭火器，并定期检查。 2）采用气体灭火器时，延时时间不应超过30s，且应确保延时时间保护区内人员全部撤离现场。 3）加强实验室管理，严禁设备在无人监控状态下运行。 4）在检定过程中应严格按检定规程和装置操作规程进行，根据测量允许范围施加电流、电压
5	检定/检测差错	检定/检测质量发生偏差	1）建立质量管理体系，设定检定/检测的质量目标和要求。 2）检定/检测人员必须持证上岗，人员需符合资质要求。 3）应完整、齐全配置计量标准器及配套设备，能满足开展检定/检测工作的需要。 4）对于检定/检测的设备（包括硬件和软件）实施保护，防止发生使检定/检测结果失效的调整。 5）定期实施期间核查和数据比对，适时开展测量不确定度评定、检定/检测数据的统计。 6）按规定进行量值传递和标准溯源。 7）检定/检测过程中涉及生产调度平台、检定/检测系统等数据交互的，应采取措施进行多方数据一致性核查

序号	辨识项目	辨识内容	典型预控措施
6	信息安全	（1）检定/检测数据等敏感数据外泄，检定/检测用 USBKEY 丢失	1）严格进行计算机及外设管理，严禁违规外联；操作系统需安装防病毒软件并及时更新升级，检定/检测软件需设置强口令；严格数据管理，防范敏感数据批量导出。 2）检定/检测用 USBKEY 设置专人管理，严格按规定使用和保管，建立台账，防止丢失
		（2）账号密码泄露	相关信息系统应妥善保管账号及密码，不得随意授予他人

（五）现场检验作业

表 3–14　　　　　　　现场检验作业安全风险辨识与控制

序号	辨识项目	辨识内容	典型预控措施
1	人身触电	（1）误碰带电设备	1）在电气设备上作业时，应将未经验电的设备视为带电设备。 2）在高、低压设备上工作，应至少由两人进行，并完成保证安全的组织措施和技术措施。 3）工作人员应正确使用合格的安全绝缘工器具和个人劳动防护用品。 4）高、低压设备应根据工作票所列安全要求，落实安全措施。涉及停电作业的应实施停电、验电、挂接地线、悬挂标示牌后方可工作。工作负责人应会同工作票许可人确认停电范围、断开点、接地、标示牌正确无误。工作负责人在作业前应要求工作许可人当面验电；必要时工作负责人还可使用自带验电器（笔）重复验电。 5）工作票许可人应指明作业现场周围的带电部位，工作负责人确认无倒送电的可能。 6）应在作业现场装设临时遮栏，将作业点与邻近带电间隔或带电部位隔离。作业中应保持与带电设备的安全距离。 7）严禁工作人员未履行工作许可手续擅自开启电气设备柜门或操作电气设备。 8）严禁在未采取任何监护措施和保护措施情况下现场作业。 9）严禁擅自扩大工作范围、增加或变更工作任务，严禁擅自变更安全措施。增加工作任务时，如不涉及停电范围及安全措施的变化，现有条件可以保证作业安全，经工作票签发人和工作许可人同意后，可以使用原工作票，但应在工作票上注明增加的工作项目，并告知作业人员。如果增加工作任务时涉及变更或增设安全措施时，应先办理工作票终结手续，然后重新填用新的工作票，履行签发、许可手续后，方可继续工作
		（2）因平行或邻近带电设备可能导致检修设备产生感应电压导致触电	1）接一次试验导线前，被试互感器高压侧应接地。 2）工作人员在接、拆一次试验导线时，必须戴绝缘手套，穿绝缘鞋。 3）被试互感器接地点应可靠接地。 4）工作负责人检查各方面电源有明显断开点并可靠接地，在刀闸操作把手上悬挂"禁止合闸、有人工作"标示牌。 5）因平行或邻近带电设备导致检修设备可能产生感应电压时，应采取防感应电措施，穿绝缘鞋，戴绝缘手套，必要时应穿屏蔽服，加挂接地线。 6）邻近或交叉跨越带电体附近的相关作业场所（变电站进线端）必须充分考虑感应电伤人的危险因素，拆、接引线前，线路必须接地。 7）高压试验人员在测量接线及变更接线时，必须在被测线路两端均接地，防止感应电压触电

序号	辨识项目	辨识内容	典型预控措施
1	人身触电	（3）走错工作位置或间隔	1）工作负责人对工作班成员应进行安全教育，作业前对工作班成员进行危险点告知，明确指明带电设备位置，交待工作地点及周围的带电部位及安全措施和技术措施，并履行确认手续。 2）核对工作票与现场信息是否一致。 3）在工作地点设置"在此工作！"的标示牌。 4）相邻有带电间隔和带电部位，必须装设临时遮栏并设专人监护
		（4）短路或接地	1）工作中使用的工具，其外裸的导电部位应采取绝缘措施，防止操作时相间或相对地短路。 2）工作班成员应正确佩戴和穿着安全帽、长袖工作服、手套、绝缘鞋等劳动保护用品，正确使用安全器具。 3）接线前必须事先用兆欧表检查一遍各测量导线每芯间、芯与屏蔽层之间的绝缘情况。 4）施放电缆时应小心避免电缆外皮破损
		（5）使用临时电源不当	1）接取临时电源时戴护目镜、手套，穿绝缘鞋。 2）应安排专人监护。 3）检查接入电源的线缆有无破损，连接是否可靠。 4）检查电源盘漏电保护器工作是否正常。 5）禁止将电源线直接钩挂在闸刀上或直接插入插座内使用
		（6）现场检测安全距离不够而引起触电	根据带电设备的电压等级，检测人员应注意保持与带电体的安全距离不小于《安规》中规定的距离
		（7）检验设备金属外壳接地不良而引起触电	1）检验设备金属外壳应可靠接地。 2）检验仪器与设备的接线应牢固可靠
		（8）电流互感器二次回路开路、电压互感器二次回路短路或接地	1）电能表接线回路采用统一标准的联合接线盒。 2）不得将回路的永久接地点断开。 3）进行电能表、采集终端装拆工作时，先在联合接线盒内短接电流连接片，脱开电压连接片。 4）工作时设专人监护，使用绝缘工具，站在干燥的绝缘物上进行。 5）短接电流互感器二次绕组应使用短路片或短路线，禁止用导线缠绕。 6）工作中使用的工具，其外裸的导电部位应采取绝缘措施，防止操作时相间或相对地短路
		（9）电压互感器检验后未放电引起电击	测试前和测试后电压互感器及试验回路的一次部分都必须用专用放电棒放电
		（10）检验后未断开电源开关或加压设备未回零而引起触电	1）检验装置的电源开关应使用具有明显断开点的双极刀闸，并有可靠的过载保护装置。 2）变更接线或检验结束时，应首先将加压设备的调压器回零并断开双极刀闸
		（11）升压过程不呼唱而引起触电	1）检验过程应有人呼唱并监护。 2）检验人员在检验过程中注意力应高度集中，防止异常情况的发生
		（12）施放长电缆不当	从控制室施放测试电缆至电压互感器二次侧端子箱时，应注意切不可用力拖拽，避免电缆绷紧升高靠近上方高压设备放电，过近造成人身和设备事故
		（13）非工作人员误入检验现场触电	检验现场应装设遮栏（围栏），悬挂"止步，高压危险！"的标示牌，并有专人监护，严禁非检验人员进入检验场地

续表

序号	辨识项目	辨识内容	典型预控措施
1	人身触电	（14）工作终结后，又到设备上工作	1）办理工作终结手续前，工作负责人应监督工作班成员整理好仪器仪表、工器具，恢复作业前设备。 2）办理工作终结手续后，工作负责人应监督所有工作班成员离开作业现场，防止工作班成员未经允许重新回到作业现场，造成安全事故
2	人身伤害	（1）箱（柜）体爆炸或箱（柜）门异常关闭引起伤害	1）对运行时间较长且未安装牢固的杆上箱（柜），严禁现场开箱操作。 2）当打开计量箱（柜）门进行检查或操作时，应站位至箱门侧面，以减小箱内设备异常引发爆炸带来的伤害。 3）箱门开启后应采取有效措施对箱门进行固定，防范由于刮风或触碰造成箱门异常关闭而导致伤害。 4）应防止表箱（柜）门坠落伤害工作人员，将不牢固的上翻式表箱门拆卸，检验后恢复装回
2	人身伤害	（2）电动工具使用不当	加强监督与检查，使用转动的电动工具不得使用手套，不得手提导线或转动部分
2	人身伤害	（3）设备吊装时发生人员或设备碰擦	设备吊装需派专人监护，且吊装时作业人员不得站在下方
2	人身伤害	（4）在基建场所，人员被铁钉刺伤或跌入孔沟	1）基建场所工况复杂，作业人员应穿防穿刺绝缘鞋。 2）应对作业范围内的坑、孔、沟等铺设符合安全要求的盖板或设可靠的围栏、挡板及安全标志，并加强监护
2	人身伤害	（5）夏季高温天气连续作业，人员中暑	夏季高温季节应调整作业时间，避开高温时段，做好防暑降温工作，并加强人员精神状态检查
2	人身伤害	（6）气体中毒（窒息）	1）进入 SF_6 电气设备室，入口处若无 SF_6 气体含量显示器，应先通风 15min，并用检漏仪测量含氧量（不低于18%）和 SF_6 气体含量合格。 2）尽量避免一人进入 SF_6 电气设备室进行巡视，不准一人进入从事检修工作
2	人身伤害	（7）使用不合格工器具	按规定对各类需要检验的工器具进行定期试验并检查，确保使用合格的工器具
3	高处作业	（1）高处作业操作不当	1）高处作业人员应衣着灵便，衣袖、裤脚应扎紧，穿软底防滑鞋，并正确佩戴个人防护用具。 2）高处作业应搭设脚手架，使用高空作业车、升降平台或其他防止坠落的措施。 3）高度超过1.5m的作业应使用安全带，安全带应系在牢固的构件上，严禁低挂高用。 4）高处作业过程中，应随时检查安全带绑扎的牢靠情况
3	高处作业	（2）绝缘梯使用不当	1）营销现场近电作业不得使用金属梯，运行的变电站内作业应使用绝缘梯，其他营销现场作业宜使用绝缘梯。 2）使用前检查梯子的外观，以及编号、检验合格标识，确认符合安全要求。 3）使用梯子前应先进行试登，确认可靠后方可使用。有人员在梯子上工作时，梯子应有人扶持和监护。 4）梯子应有防滑措施与限高标识。使用单梯工作时，梯子与地面的斜角度为60°左右；梯子不得绑接使用；人字梯应有限制开度的措施；人在梯子上时，禁止移动梯子。严禁两人或多人进行登高作业。 5）在户外变电站、配电站和高压室内搬动梯子、管子等长物，应放倒由两人搬运，并与带电部分保持足够的安全距离

续表

序号	辨识项目	辨识内容	典型预控措施
3	高处作业	（3）使用不合格的登高用安全工器具	按规定对各类登高用工器具进行定期试验和检查，确保使用经检验合格且在有效期内的工器具
		（4）高处抛物、坠物	1）高处作业所用的工具和材料应放在工具袋内或用绳索拴在牢固的构件上，较大的工具应系保险绳。 2）上下传递材料、工器具应使用绳索，严禁上下抛掷；邻近带电线路、设备作业的，应使用绝缘绳索。 3）高处作业，除有关人员外，他人不得在工作地点的下面通行或逗留，工作地点下面应有遮栏（围栏）或装设其他保护措施
4	设备损坏	（1）仪器仪表损坏	1）操作过程中应正确设定仪器仪表的量程，规范使用。 2）防止接线时压接不牢固、接线错误导致设备损坏。 3）严格按照使用说明书进行操作
		（2）现场检验中电压互感器二次短路	严格执行监护制度，确认后规范接线；一旦发现任何隐患，立即停止试验检查原因
		（3）现场检验中电流互感器二次开路	严格执行监护制度，确认后规范接线，短路电流互感器二次绕组时必须使用短路片或短路线，短路应妥善可靠，严禁用导线缠绕；一旦发现任何隐患，立即停止试验检查原因
		（4）试验电压、电流过高，导致设备或被试电压互感器损坏	升压、升流过程应呼唱，工作人员在检验过程中注意力应高度集中，观察检验装置和被试互感器状况，防止过压、过流情况发生
		（5）地面不平坦、坚实，设备倒塌	设备应摆放在平坦、坚实的地面上
		（6）设备材料运输、保管不善造成损坏、丢失	1）运输车辆中设置专用仪器仪表防震、防尘、防潮保护箱（柜）。 2）运输途中严禁叠放检验设备。 3）检验设备使用专用便携箱，严禁检验设备裸放，防止设备摔坏、互撞
5	客户违约用电或窃电	客户有违约用电或窃电行为	停止工作保护现场，通知和等候用电检查（稽查）人员取证处理
6	检验差错	检验数据发生偏差	1）检验人员必须持证上岗，人员需符合资质要求。 2）应完整、齐全配置计量标准器及配套设备，能满足开展现场检验工作的需要。 3）使用检定合格的检验设备。 4）按照规定检定周期对检验设备进行量值溯源。 5）定期开展检验设备期间核查及比对，对使用频繁的设备应增加期间核查及定期比对次数
7	信息安全	（1）检验数据等敏感数据外泄	1）严格进行计算机及外设管理，严禁违规外联。 2）操作系统需安装防病毒软件并及时更新升级，检验软件需设置强口令。 3）严格数据管理，防范敏感数据批量导出
		（2）账号密码泄露	相关信息系统应妥善保管账号及密码，不得随意授予他人
		（3）专用电子设备外接	加强移动作业终端等专用电子类设备管理，防止设备丢失造成专用设备外接引起内网环境被攻击事件的发生

续表

序号	辨识项目	辨识内容	典型预控措施
8	作业结束	（1）检验结束后，计量装置接线恢复错误	1）工作中认清设备接线标识，严格按照规程进行安装，一人操作一人监护。 2）工作完成后，要进行检查核验，确保接线正确
		（2）受控材料、工器具遗失在作业现场	1）严格按照相关管理规定和工作标准，对现场做到"三清"（清扫、清点、清查）。 2）受控材料应有专人管理

（六）装拆运维作业

表3-15　　　　　　　装拆运维作业安全风险辨识与控制

序号	辨识项目	辨识内容	典型预控措施
1	人身触电	（1）误碰带电设备	1）在电气设备上作业时，应将未经验电的设备视为带电设备。 2）在高、低压设备上工作，应至少由两人进行，并完成保证安全的组织措施和技术措施。 3）工作人员应正确使用合格的安全绝缘工器具和个人劳动防护用品。 4）高、低压设备应根据工作票所列安全要求，落实安全措施。涉及停电作业的应实施停电、验电、挂接地线、悬挂标示牌后方可工作。工作负责应会同工作许可人确认停电范围、断开点、接地、标示牌正确无误。工作负责人在作业前应要求工作许可人当面验电；必要时工作负责人还可使用自带验电器（笔）重复验电。 5）工作票许可人应指明作业现场周围的带电部位，工作负责人确认无倒送电的可能。 6）应在作业现场装设临时遮栏，将作业点与邻近带电间隔或带电部位隔离。作业中应保持与带电设备的安全距离。 7）严禁工作人员未履行工作许可手续擅自开启电气设备柜门或操作电气设备。 8）严禁在未采取任何监护措施和保护措施情况下现场作业。 9）严禁擅自扩大工作范围、增加或变更工作任务，严禁擅自变更安全措施。增加工作任务时，如不涉及停电范围及安全措施的变化，现有条件可以保证作业安全，经工作票签发人和工作许可人同意后，可以使用原工作票，但应在工作票中注明增加的工作项目，并告知作业人员。如果增加工作任务时涉及变更或增设安全措施时，应先办理工作票终结手续，然后重新填用新的工作票，履行签发、许可手续后，方可继续工作
		（2）走错工作位置或间隔	1）工作负责人对工作班成员应进行安全教育，作业前对工作班成员进行危险点告知，明确指明带电设备位置，交待工作地点及周围的带电部位及安全措施和技术措施，并履行签名确认手续。 2）相邻有带电间隔和带电部位，必须装设临时遮栏并设专人监护。 3）核对工作票、故障处理工作单内容与现场信息是否一致。 4）在工作地点设置"在此工作"标示牌
		（3）计量柜（箱）、电动工具漏电	1）工作前应用验电笔（器）对金属计量柜（箱）进行验电，并检查计量柜（箱）接地是否可靠。 2）电动工具外壳必须可靠接地，其所接电源必须装有漏电保护器，使用金属外壳的电动工具，应戴绝缘手套

序号	辨识项目	辨识内容	典型预控措施
1	人身触电	（4）短路或接地	1）工作中使用的工具，其外裸的导电部位应采取绝缘措施，防止操作时相间或相对地短路。 2）带电装拆电能表时，带电的导线部分应做好绝缘措施
		（5）停电作业发生倒送电	1）工作负责人应会同工作许可人现场确认作业点已处于检修状态，并使用验电器（笔）验证确无电压。 2）确认作业点安全隔离措施，各方面电源、负载端必须有明显断开点。 3）确认作业点电源、负载端均已装设接地线，接地点可靠。 4）自备发电机只能作为试验电源或工作照明用，严禁接入其他电气回路
		（6）电弧灼伤	1）低压带电作业中使用的工具，其金属裸露部分应采取绝缘措施，防止操作时相间或相对地短路。 2）低压带电作业时，作业人员应穿绝缘鞋和全棉长袖工作服，并戴手套、安全帽和护目镜，站在干燥的绝缘物上进行。 3）低压带电作业时禁止使用锉刀、金属尺和带有金属物的毛刷、毛掸等工具，做好防止相间短路产生弧光的措施
		（7）现场安全距离不够而引起触电	根据带电设备的电压等级，工作人员应注意保持与带电体的安全距离不小于《安规》中规定的距离
		（8）使用临时电源不当	1）接取临时电源时戴护目镜、手套，穿绝缘鞋。 2）应安排专人监护。 3）检查接入电源的线缆有无破损，连接是否可靠。 4）检查电源盘漏电保护装置是否正常。 5）禁止将电源线直接钩挂在闸刀上或直接插入插座内使用
		（9）电流互感器二次回路开路、电压互感器二次回路短路或接地	1）电能表接线回路采用统一标准的联合接线盒。 2）不得将回路的永久接地点断开。 3）进行电能表、采集终端装拆工作时，先在联合接线盒内短接电流连接片，脱开电压连接片。 4）工作时设专人监护，使用绝缘工具，站在干燥的绝缘物上进行。 5）短接电流互感器二次绕组使用短路片或短路线，禁止用导线缠绕。 6）工作中使用的工具，其外裸的导电部位应采取绝缘措施，防止操作时相间或相对地短路
		（10）雷电伤害	室外工作应注意天气，雷雨天禁止作业
		（11）电容器放电	对有电容器补偿装置的客户，应先断开补偿装置开关，并逐相充分放电
		（12）工作前未进行验电，或未使用相应电压等级、合格的验电器进行验电	1）工作前应先验电。 2）使用相应电压等级、合格的验电器，高压验电应戴绝缘手套、穿绝缘靴。 3）工作前应在有电设备上对验电笔（器）进行测试，确保良好，无法在有电设备上进行验电时可用工频高压发生器等确证验电器良好。 4）对无法直接验电的设备应间接验电，即通过设备的机械位置指示、电气指示、带电显示装置、仪表及各种遥测、遥信等信号的变化来判断。判断时，至少应有两个非同样原理或非同源的指示发生对应变化，且所有这些确定的指示均已同时发生对应变化，方可确认该设备已无电压

续表

序号	辨识项目	辨识内容	典型预控措施
1	人身触电	（13）人员误入作业现场触电	现场应装设遮栏（围栏），悬挂"止步，高压危险！"的标示牌，并有专人监护，严禁非工作人员进入工作场地
		（14）带负荷送电	送电前，确认出线侧开关处于断开位置，并派专人看守，防止有人误合出线侧开关
		（15）接户线带电作业差错	1）正确选择攀登线路；搭接导线时先接零线，后接相线，拆除顺序相反，人体不得同时接触两根线头。 2）应设专责监护人
		（16）工作终结后，又到设备上工作	1）办理工作终结手续前，工作负责人应监督工作班成员整理好仪器仪表、工器具，恢复作业前设备。 2）办理工作终结手续后，工作负责人应监督所有工作班成员离开作业现场，防止工作班成员未经允许重新回到作业现场，造成安全事故
2	人身伤害	（1）箱（柜）体爆炸或箱（柜）门异常关闭引起伤害	1）对运行时间较长且未安装牢固的杆上箱（柜），严禁现场开箱操作。 2）当打开计量箱（柜）门进行检查或操作时，应站位至箱门侧面，减小箱内设备异常引发爆炸带来的伤害。 3）箱门开启后应采取有效措施对箱门进行固定，防范由于刮风或触碰造成箱门异常关闭而导致伤害。 4）应防止表箱（柜）门坠落伤害工作人员，将不牢固的上翻式表箱门拆卸，检验后恢复装回
		（2）电动工具使用不当	加强监督与检查，使用转动的电动工具不得使用手套，不得手提导线或转动部分
		（3）在基建场所，人员被铁钉刺伤或跌入孔沟	1）基建场所工况复杂，作业人员应穿防穿刺绝缘鞋。 2）应对作业范围内的坑、孔、沟等铺设符合安全要求的盖板或设可靠的围栏、挡板及安全标志，并加强监护
		（4）夏季高温天气连续作业，人员中暑	夏季高温季节应调整作业时间，避开高温时段，做好防暑降温工作，并加强人员精神状态检查
		（5）气体中毒（窒息）	1）进入 SF_6 电气设备室，入口处若无 SF_6 气体含量显示器，应先通风 15min，并用检漏仪测量含氧量（不低于 18%）和 SF_6 气体含量合格。 2）尽量避免一人进入 SF_6 电气设备室进行巡视，不准一人进入从事检修工作
		（6）使用不合格工器具	按规定对各类需要检验的工器具进行定期试验并检查，确保使用合格的工器具
3	高处作业	（1）高处作业操作不当	1）高处作业人员应衣着灵便，衣袖、裤脚应扎紧，穿软底防滑鞋，并正确佩戴个人防护用具。 2）高处作业应搭设脚手架、使用高空作业车、升降平台或其他防止坠落的措施。 3）高度超过 1.5m 的作业应使用安全带，安全带应系在牢固的构件上，严禁低挂高用。 4）高处作业过程中，应随时检查安全带绑扎的牢靠情况

序号	辨识项目	辨识内容	典型预控措施
3	高处作业	（2）绝缘梯使用不当	1）营销现场近电作业不得使用金属梯，运行的变电站内作业应使用绝缘梯，其他营销现场作业宜使用绝缘梯。 2）使用前检查梯子的外观，以及编号、检验合格标识，确认符合安全要求。 3）使用梯子前，应先进行试登，确认可靠后方可使用。有人员在梯子上工作时，梯子应有人扶持和监护。 4）梯子应有防滑措施与限高标识。使用单梯工作时，梯子与地面的斜角度为 60°左右；梯子不得绑接使用；人字梯应有限制开度的措施；人在梯子上时，禁止移动梯子。严禁两人或多人进行登高作业。 5）在户外变电站、配电站和高压室内搬动梯子、管子等长物，应放倒，由两人搬运，并与带电部分保持足够的安全距离
		（3）使用不合格的登高用安全工器具	按规定对各类登高用工器具进行定期试验和检查，确保使用经检验合格且在有效期内的工器具
		（4）高处抛物、坠物	1）高处作业所用的工具和材料应放在工具袋内或用绳索拴在牢固的构件上，较大的工具应系保险绳。 2）上下传递材料、工器具应使用绳索，严禁上下抛掷；邻近带电线路、设备作业的，应使用绝缘绳索。 3）高处作业，除有关人员外，他人不得在工作地点的下面通行或逗留，工作地点下面应有遮栏（围栏）或装设其他保护措施
4	设备损坏	（1）仪器仪表损坏	1）操作过程中应正确设定仪器仪表的量程，规范使用。 2）防止接线时压接不牢固、接线错误导致设备损坏
		（2）485 通信线接线不规范	1）485 通信线剥线长度适当，露铜长度应小于 2mm。 2）屏蔽线必须单端可靠接地
		（3）设备材料运输、保管不善造成损坏、丢失	1）运输车辆中设置专用仪器仪表防震、防尘、防潮保护箱（柜）。 2）运输途中严禁叠放检验设备。 3）检验设备使用专用便携箱，严禁检验设备裸放，防止设备摔坏、互撞
5	客户违约用电或窃电	客户有违约用电或窃电行为	停止工作保护现场，通知和等候用电检查（稽查）人员取证处理
6	计量差错	接线错误	工作班成员接线完成后，应对接线进行检查，加强互查
7	信息安全风险	（1）敏感数据外泄	1）严格进行计算机及外设管理，严禁违规外联。 2）操作系统需安装防病毒软件并及时更新升级，检验软件需设置强口令。 3）严格数据管理，防范敏感数据批量导出
		（2）账号密码泄露	相关信息系统应妥善保管账号及密码，不得随意授予他人
		（3）专用电子设备外接	加强移动作业终端等专用电子类设备管理，防止设备丢失造成专用设备外接引起内网环境被攻击事件的发生

续表

序号	辨识项目	辨识内容	典型预控措施
8	营销服务事件	（1）客户开关误跳闸	1）解除控制回路压板，防止开关误跳闸。 2）接入控制回路时，注意开关的跳闸方式（分励、失压），防止短路，防止开关误跳闸。 3）跳闸测试前应同客户协商同意后，由其配合操作，以免造成营销服务事件
		（2）电能表底度未经用户确认	1）换表工作完成后，应请用户检查确认电能表的封印、新装及拆下电能表的示数，并请用户在"电能计量装接单"上签字。 2）在电能计量装置故障排除前，必须和用户一起在现场对故障现象予以签字确认，同时拍摄故障时的现场照片
		（3）数据采集错误	采集设备装拆工作结束前，应验证电能表数据、采集设备数据、采集主站数据三者的一致性，以免数据采集错误导致营销服务事故
9	作业结束	（1）检验结束后计量装置接线恢复错误	1）工作中认清设备接线标识，严格按照规程进行安装，一人操作一人监护。 2）工作完成后要进行检查核验，确保接线正确
		（2）受控材料、工器具遗失在作业现场	1）严格按照相关管理规定和工作标准，对现场做到"三清"（清扫、清点、清查）。 2）受控材料应有专人管理

（七）现场抄表作业

表 3-16　　　　　　　　　　现场抄表作业安全风险辨识与控制

序号	辨识项目	辨识内容	典型预控措施
1	人身触电	（1）误碰带电设备	1）变电站抄表须由变电站运行人员全程陪同，若遇紧急情况，应在运行人员指引下安全撤离。 2）进入变电站前由变电站运行人员负责安全交底，告知变电站内抄表的路径和位置；新上岗人员首次进入变电站，还应由原抄表人员陪同，指导新上岗人员熟悉电能计量装置的位置。 3）抄表人员应按规定的路径、在规定的位置执行抄表作业，不得擅自变更。 4）抄表时应与带电设备保持足够的安全距离
		（2）走错工作位置或间隔	1）变电站抄表须由变电站运行人员全程陪同，若遇紧急情况，应在运行人员指引下安全撤离。 2）进入变电站前由变电站运行人员负责安全交底，告知变电站内抄表的路径和位置；新上岗人员首次进入变电站，还应由原抄表人员陪同，指导新上岗人员熟悉电能计量装置的位置。 3）抄表人员应按规定的路径、在规定的位置执行抄表作业，不得擅自变更
		（3）计量柜（箱）漏电	工作前应用验电笔（器）对金属计量柜（箱）进行验电，并检查计量柜（箱）接地是否可靠
2	人身伤害	（1）抄表现场照明不足	随带便携式手电筒器具

续表

序号	辨识项目	辨识内容	典型预控措施
2	人身伤害	（2）抄表行为不规范	登高作业须专人监护，不得攀附周边电气设备抄表，需搭建临时登高台时，应检查台架是否牢固
		（3）在基建场所，人员被铁钉刺伤或跌入孔沟	1）基建场所工况复杂，作业人员应穿防穿刺绝缘鞋。2）应对作业范围内的坑、孔、沟等铺设符合安全要求的盖板或设可靠的围栏、挡板及安全标志，并加强监护
		（4）遭遇动物突然袭击	1）做好防范措施，根据实际需要，可配备驱狗器、打狗棒等防止被狗、蛇等动物咬伤的装备。2）携带必要的救助药品，学会紧急救护法
		（5）途中遇到恶劣天气	1）密切关注天气预报，合理安排抄表时段，尽可能避开恶劣天气。2）若遇突发恶劣天气，因地制宜做好个人防避措施，尽可能到最近的房屋进行避险。2）学会紧急救护法
		（6）途经道口、江塘、陡坡等危险路段，造成交通事故	1）加强交通安全知识培训。2）在危险路段，要仔细判别，不得贸然前行
3	客户违约用电或窃电	客户有违约用电或窃电行为	停止工作保护现场，通知和等候用电检查（稽查）人员取证处理

（八）充电站现场作业（施工、验收、巡视、故障抢修）

表 3-17　充电站现场作业（施工、验收、巡视、故障抢修）安全风险辨识与控制

序号	辨识项目	辨识内容	典型预控措施
1	人身触电	（1）桩体带电引起触电伤害	使用试电笔检查充电桩外部是否带电，并佩戴好绝缘手套
		（2）使用临时电源不当	1）接取临时电源时戴护目镜、手套，穿绝缘鞋。2）应安排专人监护。3）检查接入电源的线缆有无破损，连接是否可靠。4）检查电源盘漏电保护装置是否正常。5）禁止将电源线直接钩挂在闸刀上或直接插入插座内使用
		（3）作业方式不当触电	1）带电作业时，工作人员应穿绝缘鞋和全棉长袖工作服，并戴手套、安全帽和护目镜，站在干燥的绝缘物上进行。2）作业人员触碰设备外壳前应使用验电器进行外壳带电检测。3）需停电作业时，应断开故障充电设备上级电源开关，并在开关处悬挂"有人工作 禁止合闸"标识
2	人身伤害	（1）桩体及附属设施刮碰撞击引起人身伤害	穿戴安全帽等安全防护用品和劳动保护用品

续表

序号	辨识项目	辨识内容	典型预控措施
2	人身伤害	（2）电动工具使用不当	加强监督与检查，使用转动的电动工具时不得使用手套，不得手提导线或转动部分
		（3）在基建场所，人员被铁钉刺伤或跌入孔沟	1）基建场所工况复杂，作业人员应穿防穿刺绝缘鞋。 2）应对作业范围内的坑、孔、沟等铺设符合安全要求的盖板或设可靠的围栏、挡板及安全标志，并加强监护
		（4）车辆碰撞	1）作业人员到达现场后，应及时穿戴反光背心。 2）作业人员在现场工作前，在检测作业区域使用隔离护栏围出工作区域并悬挂"设备检修 严禁入内"标示牌
		（5）夏季高温天气连续作业，人员中暑	夏季高温季节应调整作业时间，避开高温时段，做好防暑降温工作，并加强人员精神状态检查
		（6）使用不合格工器具	按规定对各类需要检验的工器具进行定期试验并检查，确保使用合格的工器具
3	高处作业	（1）高处作业操作不当	1）高处作业人员应衣着灵便，衣袖、裤脚应扎紧，穿软底防滑鞋，并正确佩戴个人防护用具。 2）高处作业应搭设脚手架，使用高空作业车、升降平台或其他防止坠落的措施。 3）高度超过1.5m的作业应使用安全带，安全带应系在牢固的构件上，严禁低挂高用。 4）高处作业过程中，应随时检查安全带绑扎的牢靠情况
		（2）绝缘梯使用不当	1）使用前检查梯子的外观，以及编号、检验合格标识，确认符合安全要求。 2）使用梯子前，应先进行试登，确认可靠后方可使用。有人员在梯子上工作时，梯子应有人扶持和监护。 3）梯子应有防滑措施与限高标识；使用单梯工作时，梯子与地面的斜角度为60°左右；梯子可靠绑接使用；人字梯应有限制开度的措施；人在梯子上时，禁止移动梯子。严禁两人或多人进行登高作业
		（3）使用不合格的登高用安全工器具	按规定对各类登高用工器具进行定期试验和检查，确保使用经检验合格且在有效期内的工器具
		（4）高处抛物、坠物	1）高处作业所用的工具和材料应放在工具袋内或用绳索拴在牢固的构件上，较大的工具应系保险绳。 2）上下传递材料、工器具应使用绳索，严禁上下抛掷；邻近带电线路、设备作业的，应使用绝缘绳索。 3）高处作业，除有关人员外，他人不得在工作地点的下面通行或逗留，工作地点下面应有遮栏（围栏）或装设其他保护措施

（九）综合能源业务

表 3-18　　　　　综合能源业务作业安全风险辨识与控制

序号	辨识项目	辨识内容	典型预控措施
1	人身触电	（1）误碰带电设备	1）在电气设备上作业时，应将未经验电的设备视为带电设备。

序号	辨识项目	辨识内容	典型预控措施
1	人身触电	（1）误碰带电设备	2）在高、低压设备上工作，应至少由两人进行，并完成保证安全的组织措施和技术措施。 3）工作人员应正确使用合格的安全绝缘工器具和个人劳动防护用品。 4）高、低压设备应根据工作票所列安全要求，落实安全措施。涉及停电作业的应实施停电、验电、挂接地线、悬挂标示牌后方可工作。工作负责人应会同工作票许可人确认停电范围、断开点、接地、标示牌正确无误。工作负责人在作业前应要求工作票许可人当面验电；必要时工作负责人还可使用自带验电器（笔）重复验电。 5）工作票许可人应指明作业现场周围的带电部位，工作负责人确认无倒送电的可能。 6）应在作业现场装设临时遮栏，将作业点与邻近带电间隔或带电部位隔离。作业中应保持与带电设备的安全距离。 7）严禁工作人员未履行工作许可手续擅自开启电气设备柜门或操作电气设备。 8）严禁在未采取任何监护措施和保护措施情况下现场作业。 9）严禁擅自扩大工作范围、增加或变更工作任务，严禁擅自变更安全措施。增加工作任务时，如不涉及停电范围及安全措施的变化，现有条件可以保证作业安全，经工作票签发人和工作许可人同意后，可以使用原工作票，但应在工作票上注明增加的工作项目，并告知作业人员。如果增加工作任务时涉及变更或增设安全措施时，应先办理工作票终结手续，然后重新填用新的工作票，履行签发、许可手续后，方可继续工作
		（2）走错工作位置或间隔	1）工作负责人对工作班成员应进行安全教育，作业前对工作班成员进行危险点告知，明确指明带电设备位置，交待工作地点及周围的带电部位及安全措施和技术措施，并履行签名确认手续。 2）相邻有带电间隔和带电部位，必须装设临时遮栏并设专人监护。 3）核对工作票、故障处理工作单内容与现场信息是否一致。 4）在工作地点设置"在此工作"标示牌
		（3）设备外壳、电动工具漏电	1）工作前应用验电笔（器）对金属设备外壳进行验电，并检查设备外壳接地是否可靠。 2）电动工具外壳必须可靠接地，其所接电源必须装有漏电保护器，使用金属外壳的电动工具应戴绝缘手套
		（4）短路或接地	1）工作中使用的工具，其外裸的导电部位应采取绝缘措施，防止操作时相间或相对地短路。 2）带电装拆电能表时，带电的导线部分应做好绝缘措施
		（5）停电作业发生倒送电	1）工作负责人应会同工作许可人现场确认作业点已处于检修状态，并使用验电器（笔）验证确无电压。 2）确认作业点安全隔离措施，各方面电源、负载端必须有明显断开点。 3）确认作业点电源、负载端均已装设接地线，接地点可靠。 4）自备发电机只能作为试验电源或工作照明，严禁接入其他电气回路

续表

序号	辨识项目	辨识内容	典型预控措施
1	人身触电	（6）电弧灼伤	1）低压带电作业中使用的工具，其金属裸露部分应采取绝缘措施，防止操作时相间或相对地短路。 2）低压带电作业时，作业人员应穿绝缘鞋和全棉长袖工作服，并戴手套、安全帽和护目镜，站在干燥的绝缘物上进行。 3）低压带电作业时禁止使用锉刀、金属尺和带有金属物的毛刷、毛掸等工具，做好防止相间短路产生弧光的措施
		（7）现场安全距离不够而引起触电	根据带电设备的电压等级，工作人员应注意保持与带电体的安全距离不小于《安规》中规定的距离
		（8）使用临时电源不当	1）接取临时电源时戴护目镜、手套，穿绝缘鞋。 2）应安排专人监护。 3）检查接入电源的线缆有无破损，连接是否可靠。 4）检查电源盘漏电保护装置是否正常。 5）禁止将电源线直接钩挂在闸刀上或直接插入插座内使用
		（9）雷电伤害	室外工作应注意天气，雷雨天禁止作业
		（10）电容器放电	对有电容器补偿装置的客户，应先断开补偿装置开关，并逐相充分放电
		（11）光伏板组件产生的直流电触电	1）进行组件连线施工时，施工人员应配备安全防护用品，不得触碰金属带电部位。 2）对组串完成但不具备接引条件的部位，应进行绝缘包裹。 3）当组件有电流或具有外部电源时，不得连接或断开组件。 4）安装、使用组件或进行接线时，应使用不透明材料覆盖在太阳能光伏组件阵列中组件的正面，以停止发电
		（12）逆变器等设备调试时存在误操作、触电风险	1）工作时需两人一组，其中一人监护，一人操作。 2）重要电气设备厂家在调试时需现场参与、指导。 3）配齐必需的安全保护用具，如绝缘手套、绝缘靴、绝缘垫等，并经检查合格
		（13）工作前未进行验电，或未使用相应电压等级、合格的验电器进行验电	1）工作前应先验电。 2）使用相应电压等级、合格的验电器，高压验电应戴绝缘手套、穿绝缘靴。 3）工作前应在有电设备上对验电笔（器）进行测试，确保良好，无法在有电设备上进行验电时，可用工频高压发生器等确证验电器良好。 4）对无法直接验电的设备应间接验电，即通过设备的机械位置指示、电气指示、带电显示装置、仪表及各种遥测、遥信等信号的变化来判断。判断时，至少应有两个非同样原理或非同源的指示发生对应变化，且所有这些确定的指示均已同时发生对应变化，方可确认该设备已无电压
		（14）人员误入作业现场触电	现场应装设遮栏（围栏），悬挂"止步，高压危险！"的标示牌，并有专人监护，严禁非工作人员进入工作场地
		（15）工作终结后，又到设备上工作	1）办理工作终结手续前，工作负责人应监督工作班成员整理好仪器仪表、工器具，恢复作业前设备。 2）办理工作终结手续后，工作负责人应监督所有工作班成员离开作业现场，防止工作班成员未经允许重新回到作业现场，造成安全事故

续表

序号	辨识项目	辨识内容	典型预控措施
2	人身伤害	（1）箱（柜）体爆炸或箱（柜）门异常关闭引起伤害	1）对运行时间较长且未安装牢固的杆上箱（柜），严禁现场开箱操作。 2）当打开计量箱（柜）门进行检查或操作时，应站位至箱门侧面，减小箱内设备异常引发爆炸带来的伤害。 3）箱门开启后应采取有效措施对箱门进行固定，防范由于刮风或触碰造成箱门异常关闭而导致伤害。 4）应防止表箱（柜）门坠落伤害工作人员，将不牢固的上翻式表箱门拆卸，检验后恢复装回
		（2）电动工具使用不当	加强监督与检查，使用转动的电动工具不得使用手套，不得手提导线或转动部分
		（3）管道加工操作不当	1）管道车丝加工时，小心铁渣飞出伤人。经常检查刀头的牢固情况，发现松动要立即进行加固，操作人手指严禁靠近刀口或伸到刀口下方。 2）焊接操作前，焊工应必须佩戴防护镜、胶皮手套、防护服、胶鞋和口罩，做好安全防护措施，防止灼伤
		（4）钻孔及地下换热器回填密封过程中热熔物伤人	1）严格按照动火作业工作要求进行施工。 2）作业前须查明周围是否有易燃易爆物品。 3）佩戴专用护目镜，防止热熔物造成人身伤害。 4）配备必要的、足够的消防设施
		（5）水平管管沟开挖不当导致人员受伤	1）明确地下管线设施确切位置，严格按照坑洞开挖要求进行施工并做好警示。 2）做好防止土层塌方、回落的安全措施
		（6）起重机操作不当	1）起重作业须设专人指挥，严格按照《安规》要求进行作业。 2）设备吊装前，操作人员应掌握设备的重量、平台受力情况等，起重指挥人员与汽车吊驾驶员及时沟通，汽车吊的坐车、出杆须仔细计算，避开周围建筑。 3）起重用各机具必须经过安全性检查，对于吊装的吊具、绳索、措施构件等应进行试吊，确认安全可靠后方可行吊装，防止断索、脱钩、失稳等安全事故的发生。 4）起吊作业时，无关人员不得接近吊装区域并设专人监护
		（7）在基建场所，人员被铁钉刺伤或跌入孔沟	1）基建场所工况复杂，作业人员应穿防穿刺绝缘鞋。 2）应对作业范围内的坑、孔、沟等铺设符合安全要求的盖板或设可靠的围栏、挡板及安全标志，并加强监护
		（8）夏季高温天气连续作业，人员中暑	夏季高温季节应调整作业时间，避开高温时段，做好防暑降温工作，并加强人员精神状态检查
		（9）气体中毒（窒息）	1）进入 SF_6 电气设备室，入口处若无 SF_6 气体含量显示器，应先通风 15min，并检漏仪测量含氧量（不低于18%）和 SF_6 气体含量合格。 2）尽量避免一人进入 SF_6 电气设备室进行巡视，不准一人进入从事检修工作
		（10）燃气数据集点处未进行管内余气疏导、防静电等措施，导致施工人员中毒或局部混合气体爆炸	燃气计量施工前确保现场环境通风，施工人员穿防静电工作服，禁止施工现场的一切烟火，施工现场禁止拨打电话

续表

序号	辨识项目	辨识内容	典型预控措施
2	人身伤害	(11) 使用不合格工器具	按规定对各类需要检验的工器具进行定期试验并检查,确保使用合格的工器具
3	高处作业	(1) 高处作业操作不当	1) 高处作业人员应衣着灵便,衣袖、裤脚应扎紧,穿软底防滑鞋,并正确佩戴个人防护用具。 2) 高处作业应搭设脚手架、使用高空作业车、升降平台或其他防止坠落的措施。 3) 高度超过1.5m的作业应使用安全带,安全带应系在牢固的构件上,严禁低挂高用。 4) 高处作业过程中,应随时检查安全带绑扎的牢靠情况
		(2) 绝缘梯使用不当	1) 营销现场近电作业不得使用金属梯,运行的变电站内作业应使用绝缘梯,其他营销现场作业宜使用绝缘梯。 2) 使用前检查梯子的外观,以及编号、检验合格标识,确认符合安全要求。 3) 使用梯子前应先进行试登,确认可靠后方可使用。有人员在梯子上工作时,梯子应有人扶持和监护。 4) 梯子应有防滑措施与限高标识;使用单梯工作时,梯子与地面的斜角度为60°左右;梯子不得绑接使用;人字梯应有限制开度的措施;人在梯子上时,禁止移动梯子。严禁两人或多人进行登高作业。 5) 在户外变电站、配电站和高压室内搬动梯子、管子等长物,应放倒由两人搬运,并与带电部分保持足够的安全距离
		(3) 使用不合格的登高用安全工器具	按规定对各类登高用工器具进行定期试验和检查,确保使用经检验合格且在有效期内的工器具
		(4) 高处抛物、坠物	1) 高处作业所用的工具和材料应放在工具袋内或用绳索拴在牢固的构件上,较大的工具应系保险绳。 2) 上下传递材料、工器具应使用绳索,严禁上下抛掷;邻近带电线路、设备作业的,应使用绝缘绳索。 3) 高处作业,除有关人员外,他人不得在工作地点的下面通行或逗留,工作地点下面应有遮栏(围栏)或装设其他保护措施
4	设备损坏	(1) 仪器仪表损坏	1) 操作过程中应正确设定仪器仪表的量程,规范使用。 2) 防止接线时压接不牢固、接线错误导致设备损坏
		(2) 设备材料运输、保管不善造成损坏、丢失	1) 运输车辆中设置专用仪器仪表防震、防尘、防潮保护箱(柜)。 2) 运输途中严禁叠放检验设备。 3) 设备使用专用便携箱,防止设备摔坏、互撞
5	防孤岛保护失效	由于并网逆变器、并网专用开关防孤岛保护功能故障或失效,在并入中低压配电网停电检修的区域内可能有孤岛运行的电源点存在,造成倒送电,进而威胁电网检修人员人身安全	光伏电源并网设备运行及维护的安全要求如下: 1) 严控并网逆变器调试验收:并网逆变器调试验收应由具备相应资质的单位进行,规范并网接口功能,并严格测试把关,防止倒送电。 2) 严控并网点开断设备安全隔离:对高压接入的分布式光伏,应检查并网点开断设备具有明显断开点,电网侧应能可靠接地。对低压接入的分布式光伏,应检查并网点开断设备具有明显开断指示,并具备低电压保护功能,必要时还需采取其他安全技术措施。 3) 安装反孤岛保护装置:针对分布式光伏可能出现的孤岛运行状态,在配变光伏发电系统送出线路电网侧低压母线处安装反孤岛保护装置

序号	辨识项目	辨识内容	典型预控措施
5	防孤岛保护失效	由于并网逆变器、并网专用开关防孤岛保护功能故障或失效，在并入中低压配电网停电检修的区域内可能有孤岛运行的电源点存在，造成倒送电，进而威胁电网检修人员人身安全	4）严格执行安全措施要求： ① 做好停电验电状态核对。作业前核实作业范围内是否有分布式光伏，是否落实有关停电措施，验明作业地点是否有电并核对状态，采取相应的安全措施。 ② 落实检修现场安全措施。由分布式光伏供电的设备，在检修安排、安措布置和倒闸操作中应按带电设备处理。在有分布式光伏接入的配电网开展停电作业时，应严格执行"两票三制"，严格落实《国家电网公司电力安全工作规程（配电部分）》所要求的停电、验电、接地等技术措施，确保可靠隔离

第四章

隐 患 排 查 治 理

安全隐患排查治理是供电企业管理的重要内容，遵循"谁主管、谁负责"和"全覆盖、勤排查、早发现、快治理"的原则，坚持问题导向，逐级建立标准，实行分级管理，做到全过程闭环管控。

第一节 概 述

一、安全隐患的定义

安全隐患是指在生产经营活动中，违反国家和电力行业安全生产法律法规、规程标准以及公司安全生产规章制度，或因其他因素可能导致安全事故（事件）发生的物的不安全状态、人的不安全行为、作业环境不良和安全管理方面的缺失等。

二、安全隐患的分级

根据可能造成的事故后果，安全隐患分为重大隐患、较大隐患、一般隐患、较小隐患四个等级。

1. 重大隐患

重大隐患主要包括可能导致以下后果的安全隐患：

（1）一至二级电网、设备事件；

（2）一至四级人身事件；

（3）水电站大坝溃决事件；

（4）特大或重大火灾事故；

（5）特大交通事故。

2. 较大隐患

较大隐患主要包括可能导致以下后果的安全隐患：

（1）三至四级电网、设备事件；

（2）五至六级人身事件；

（3）五级信息系统事件；

（4）水电站大坝漫坝事件；

（5）较大或一般火灾事故；

（6）重大交通事故；

（7）安全管理隐患，指违反国家、行业安全生产法律法规的管理问题。

3. 一般隐患

一般隐患主要包括可能导致以下后果的安全隐患：

（1）五至六级电网、设备事件；

（2）七至八级人身事件；

（3）六至七级信息系统事件；

（4）一般交通事故；

（5）安全管理隐患，指违反省级地方性安全生产法规和公司安全生产管理规定的管理问题；

（6）其他对社会及公司造成较大影响的事件。

4. 较小隐患

较小隐患主要包括可能导致以下后果的安全隐患：

（1）七至八级电网、设备事件；

（2）八级信息系统事件；

（3）轻微交通事故；

（4）安全管理隐患，指违反省公司级单位安全生产管理规定的管理问题。

上述人身、电网、设备和信息系统事件，依据《国家电网有限公司安全事故调查规程》（国家电网安监〔2020〕820号）确定。交通、火灾事故等依据国家有关规定认定。

三、隐患分类

根据隐患产生原因和导致事故（事件）类型，隐患分为人身安全隐患、系统运行安全隐患、设备安全隐患、网络安全隐患、消防安全隐患、大坝安全隐患、安全管理隐患和其他安全隐患八类。

安全隐患与设备缺陷有延续性又有区别。超出设备缺陷管理制度规定的消缺周期仍未消除的设备危急缺陷和严重缺陷，即为安全隐患。对规定的一个消缺周期内的设备缺陷不纳入安全隐患管理，仍由各级单位按照设备缺陷管理规定和工作流程处置。

被判定为安全隐患的设备缺陷，应继续按照公司及各级单位现有设备缺陷管理规定进行处理，同时纳入安全隐患管理流程进行闭环督办。

安全隐患等级实行动态管理。依据隐患的发展趋势和治理进展，隐患的等级可进行相应调整。

四、职责分工

根据"统一领导、落实责任、分级管理、分类指导、全员参与"的要求，国家电网公司建立总部分部、省、地市和县公司级单位组成的四级隐患排查治理工作机制。各级单位主要负责人对本单位隐患排查治理工作负全责。

安全隐患所在单位是安全隐患排查、治理和防控的责任主体。各级设备（运检）、建设、互联网、水新、产业、调控等专业部门是本专业隐患排查治理的归口管理部门，负责组织、指导、协调专业范围内隐患排查治理工作，承担闭环管理责任。

各级安全监察部门是隐患排查治理的监督部门，负责督办、检查隐患排查治理工作，归口管理相关数据的汇总、统计、分析、上报。

1. 主体和领导责任

各单位是安全隐患排查、治理和防控的责任主体。各单位主要负责人对本单位隐患排查治理工作负全面领导责任；分管负责人对分管业务范围内的隐患排查治理工作负直接领导责任。

2. 安委会职责

各级安全生产委员会是本单位安全隐患排查治理工作领导机构，负责建立健全安全隐患排查治理规章制度，组织实施隐患排查治理工作，协调解决工作中存在的重大问题，保障隐患排查治理人员、资金和物资需求。

3. 安委办职责

各级安委办是本单位安全隐患排查治理工作领导机构办公室，负责安全隐患排查治理工作的综合协调和监督管理，组织和督促安委会成员单位编制、修订隐患排查标准，对隐患排查治理工作进行监督、检查、评价、考核。

4. 成员单位职责

各级设备（运检）、建设、互联网、水新、产业、调控等专业部门是本专业隐患排查治理的归口管理部门，按照"管业务必须管安全"的原则，负责本专业隐患标准编制、排查组织、评估认定、治理实施、检查验收和业务指导工作；各级发展、财务、物资等部门负责安全隐患治理所需的项目、资金、物资等投入保障。

5. 从业人员职责

各级从业人员负责管辖范围内安全隐患的排查、登记、报告，实施整改治理，并根据职责分工，定期报送隐患信息。

6. 发包、出租职责

对于生产经营项目或工程项目发包、场所出租等业务，各级单位应与承包、承租单位签订安全管理协议，并在协议中明确各方对安全隐患排查、治理和管控的管理职责，按照"谁发包谁负责、谁出租谁负责"的原则，对承包、承租单位隐患排查治理负有统一协调和监督管理责任。

五、隐患标准

1. 编制目的

公司总部以及省、市公司级单位应分层分级建立隐患排查标准，明确排查对象、排查方法和判定依据等内容，指导从业人员及时发现和准确判定安全隐患。

2. 编制依据

隐患排查标准编制应对照安全生产法律法规和规章制度，结合公司反事故措施和安全事故（事件）暴露的典型问题，分专业编制重大、较大、一般、较小隐患排查标准，确保重点突出、描述准确、依法合规。

3. 编制原则

隐患排查标准编制应坚持"谁主管、谁编制""分级编制、逐级审查"的原则，各级安委办负责制定隐患排查标准编制规范，各级专业部门负责本专业排查标准编制，并对下级单位编制的排查标准组织审查。

（1）公司总部应编制重大和较大隐患排查标准，对一般隐患排查标准进行审查。

（2）省公司级单位应参考公司重大和较大隐患排查标准，编制一般隐患排查标准，对较小隐患排查标准进行审查。

（3）地市公司级单位应参照上级重大、较大、一般隐患排查标准，编制较小隐患排查标准。

4. 审核发布

各专业隐患排查标准编制完成后，由本单位安委办负责汇总、组织审查，经本单位安委会批准后，以正式文件发布。

5. 培训宣贯

各单位应将隐患排查标准培训纳入安全教育培训计划，开展全员培训，指导员工准确掌握隐患排查内容、排查方法，提高全员隐患排查发现能力。

6. 动态管理

隐患排查标准实行动态管理，各级单位应定期对隐患排查标准的针对性、有效性进行评估，结合安全生产法律法规或规章制度"立改废释"，以及安全事故（事件）暴露的问题滚动修订，每年一季度前发布一次。

第二节　常见隐患排查治理

隐患排查治理应纳入日常工作中，按照"排查（发现）—评估报告—治理（控制）—验收销号"的流程形成闭环管理。各级单位、各专业应采取技术、管理措施，结合常规工作、专项工作和监督检查工作排查、发现安全隐患，明确排查的范围和方式方法，专项工作还应制定排查方案。

一、安全隐患排查

1. 全面排查

各单位应在每年6月底前，对照隐患排查标准，组织开展一次涵盖安全生产各领域、各专业、各环节的安全隐患全面排查。各级专业部门应加强本专业隐患排查工作指导，针对专业性较强、复杂程度较高的安全隐患必要时组织专业技术人员或专家开展诊断分析。

2. 建档上报

针对排查发现的安全隐患，隐患所在车间、班组应依据排查标准进行初步评估定级，利用公司安全隐患管理信息系统建立档案，形成本车间、班组安全隐患数据库，并汇总上报至相关专业部门开展评估认定。

3. 专业审查

各级相关专业部门收到安全隐患报送信息后，应对照隐患排查标准，对安全隐患排查的全面性、定级的准确性进行专业审查，督促整改存在的问题，形成本专业年度安全隐患数据库。

4. 复核审议

各级安委办对各专业年度安全隐患数据库进行汇总、复核，报本单位安委会会议审议，对本级单位可以评估认定的安全隐患审核后反馈至隐患所在单位，对需要上级单位评估认定的安全隐患报上级安委办。

市公司级单位安委会审议基层单位和本级排查发现的安全隐患，对一般和较小隐患认定后反馈至隐患所在单位，对较大及以上隐患报上级安委办。

省公司级单位安委会审议地市公司级单位和本级排查发现的安全隐患，对较大隐患认定后反馈至隐患所在单位，对重大隐患报公司总部审核认定。

公司总部安委会审议省公司级单位和本级排查发现的安全隐患，对重大隐患认定后反馈至隐患所在单位。

5. 形成清单

各级单位应对照上级审核反馈和本级安全隐患，分层分级建立本单位年度安全隐患清单。

6. 专项工作

针对国家、行业及地方政府部署开展的安全生产专项行动，各单位应在公司隐患排查标准的基础上补充相关排查条款，开展针对性排查治理工作。

7. 类比排查

针对公司系统事故（事件）暴露的典型问题，上级单位应及时发布警示信息，组织所属单位举一反三开展事故类比排查，滚动更新安全隐患清单。

二、安全隐患治理

1. 治理防控

隐患一经确定，隐患所在单位应立即采取防止隐患发展的安全控制措施，并根据隐患具体情况和紧急程度制定治理计划，逐项明确治理单位、责任人及完成时限，做到责任、措施、资金、期限和应急预案"五落实"。

2. 制定方案

各级专业部门负责组织制定本专业隐患治理方案或措施，较大及以上隐患由省公司级单位组织制定治理方案，一般隐患由市公司级单位组织制定治理方案或治理措施，较小隐患由县公司级单位制定治理措施。

3. 统筹协调

各级安委办负责本单位隐患治理工作综合协调，对需要多专业协同治理的安全隐患，必要时召开安委会会议明确治理责任、措施和资金。

4. 协同联动

各级单位应建立隐患治理协调联动机制，对超出本单位治理能力的安全隐患，及时报送上级单位协调处理；对需要地方政府部门协调解决的安全隐患，及时报告政府有关部门协调治理。

5. 资金保障

各级单位应将隐患治理作为项目储备的重要依据，统一纳入综合计划和预算优先安排。公司总部及省、地市公司级单位应建立隐患治理绿色通道，对计划和预算外但急需实施治理的隐患，及时调剂和保障所需资金和物资。

6. 安全保障

重大隐患治理完成前或治理过程中无法保证安全的，应从危险区域内撤出相关人员，设置警戒标志，暂时停工停产或停止使用相关设备设施，治理完成并验收合格后方可恢复生产和使用。

7. 治理实施

隐患所在单位应将隐患治理任务纳入年度安全生产工作重点，结合电网规划、电网建设、技改大修、检修运维、规章制度"立改废释"等及时开展治理，各专业部门应加强专业指导和督导检查，按期实现治理销号。

8. 挂牌督办

各级安委会应开展隐患治理挂牌督办，按照隐患等级越高督办力度越大的原则，公司总部挂牌督办重大隐患，省公司级单位挂牌督办较大隐患，市公司级单位挂牌督办治理难度大、治理周期长的一般隐患。

9. 验收销号

隐患治理完成后，隐患整改单位在自验合格的基础上提出验收申请，相关专业部门应在申请提出后一周内完成验收，验收合格予以销号备案，不合格则重新组织治理，结果向本级单位安委办备案。

（1）较小隐患治理结果由县公司级单位组织验收。

（2）一般隐患治理结果由地市公司级单位组织验收。

（3）较大及以上隐患治理结果由省公司级单位组织验收。重大隐患治理应有书面验收报告。

（4）涉及国家、行业监管部门、地方政府挂牌督办的重大隐患，在治理工作结束后，应及时将有关情况报告相关政府部门。

10. 改进提升

各级安委办应会同专业部门每年开展一次隐患排查治理工作总结，针对共性问题和突出隐患，深入分析隐患成因，健全完善"从根本上消除事故隐患"的制度措施和保障机制。

11. 档案管理

各级单位应运用安全隐患管理信息系统，实现隐患排查治理工作全过程记录和"一患一档"管理。

隐患档案应包括隐患简题、隐患内容、隐患编号、隐患所在单位、专业分类、归属部门、评估定级、治理期限、治理完成情况等信息。隐患排查治理过程中形成的会议纪要、正式文件、治理方案、应急预案、验收报告等应归入隐患档案。

12. 信息通报

各级单位应将隐患排查治理情况如实记录，并通过信息公示栏等方式向从业人员通报。各级单位应在月度安全生产会议上通报本单位隐患排查治理情况，各班组应在安全日活动上通报本班组隐患排查治理情况。

13. 定期报送

各级安委办应定期对本单位隐患排查治理情况开展统计分析，各省公司级单位每月5日前通过安全隐患管理信息系统向公司总部报送上月度隐患排查治理情况，次年1月5日前通过公文报送上年度隐患排查治理工作总结。

14. 外部报送

各级安委办按规定向国家能源局及其派出机构、地方政府有关部门报告安全隐患统计信息和工作总结。各级单位应做好沟通协调，确保隐患排查治理报送数据的准确性和一致性。

三、重大隐患管理

1. 即时报告

重大隐患实行即时报告制度，各单位自评估为重大隐患的，应于 5 个工作日内报总部相关专业部门认定，确认为重大隐患的及时向国网安委办报备，并向所在地区政府安全监管部门和电力安全监管机构报告。

重大隐患报告内容应包括隐患的现状及其产生原因、隐患的危害程度和整改难易程度分析、隐患治理方案。

2. 治理方案

重大隐患应制定治理方案。重大隐患治理方案应包括治理目标和任务、采取方法和措施、经费和物资落实、负责治理的机构和人员、治理时限和要求、防止隐患进一步发展的安全措施和应急预案等内容。

3. 挂牌督办

重大隐患治理应执行"两单一表"（签发督办单—制定管控表—上报反馈单）制度，实现闭环监管。

（1）签发安全督办单。国网安委办获知或直接发现所属单位存在重大隐患的，由安委办主任或副主任签发安全督办单，对省公司级单位整改工作进行全程督导。

（2）制定过程管控表。省公司级单位在接到督办单 10 日内，编制安全整改过程管控表，明确整改措施、责任单位（部门）和计划节点，由安委会主任签字、盖章后报国网安委办备案，国网安委办按照计划节点进行督导。

（3）上报整改反馈单。省公司级单位完成整改后 5 日内，填写安全整改反馈单，并附佐证材料，由安委会主任签字、盖章后报国网安委办备案。

4. 双报告

各级单位重大隐患排查治理情况应及时向政府负有安全生产监督管理职责的部门和本单位职代大会进行报告。

四、营销专业常见安全隐患排查

1. 业扩报装安全隐患排查

（1）是否明确营销部门在业扩报装工作中的安全职责，严肃安全纪律，强化安全责任制落实。

（2）是否建立和完善安全保证体系和监督体系，制定相应的安全管理办法。每个阶段、每一项工作是否制定严密的组织措施、安全技术措施、风险预控措施和个人防护措施。

（3）是否严格执行工作票制度、工作许可制度、工作监护制度和停送电联系制度；是否严格履行现场工作安全交底手续，加强施工现场的安全管理与监督，切实保证各项安全措施落实到位。

（4）是否按照国家电网公司业扩技术导则及标准开展供电方案编制、受电工程设计审核及竣工检验等工作，防止客户受电设施带安全隐患接入电网。

（5）是否由客户服务中心统一组织相关部门到客户现场开展方案勘查、受电工程中间检查、受电工程竣工检验、装表、接电等工作；是否严格执行公司统一的业扩报装流程，确保施工、验收、接电环节有序衔接。

（6）是否在勘查、受电工程中间检查及竣工检验、装表、接电等环节推行标准化作业，完善现场标准化作业流程，应用标准化作业卡并将危险点预控措施固化在作业卡中，实现业扩现场作业全过程的安全控制和质量控制。

（7）是否采取合理有效的培训和考核方式，进一步提高营销人员安全意识、安全风险辨识能力和现场操作技能。

（8）是否建立健全营销反违章工作机制，系统分析、认真查找营销"量、价、费、损"、业扩报装及优质服务的管理违章、行为违章、装置违章现象。

（9）供电企业是否有直接、间接、变相地指明、确定、认定或者限定用户受电工程的设计、施工、设备材料供应单位，剥夺用户选择设计单位权利的行为。

2. 客户服务安全隐患排查

（1）电网结构、供电设施是否满足重要客户供电需求。

（2）重要客户供用电合同签订、安全运行管理、有序用电方案是否执行到位。

（3）客户供电电源配置情况是否满足要求，对供电电源配置不满足要求的客户主动告知风险隐患，争取客户支持，提升电源配置比率。

（4）自备应急电源是否配置到位，对客户保安负荷类型及数量进行判别，对存在问题积极落实整改措施。

（5）客户用电设施是否健康，通过摸底排查，掌握客户用电设施实际情况，提出有效的治理措施。

（6）是否加强与政府沟通汇报，做到通知、报告、服务、督办"四到位"，建立"政府主导、客户整改、供电企业提供服务"三位一体的工作机制。

（7）是否存在人员配备不足、无证上岗、电工管理不规范的行为，告知客户规程要求和存在风险，提出整改意见，督促整改落实。

（8）重要客户基本信息台账是否建立完善，要根据重要客户认定变动情况滚动修订。

（9）电网责任隐患排查治理工作台账是否建立健全，要逐条描述供电隐患，明确整改时限，制定整改措施，落实整改项目，明确责任部门和责任人，逐条整改销号。

（10）客户责任隐患排查治理工作台账是否建立健全，要逐户逐条逐项描述存在隐患、治理措施、治理情况、客户责任人、联系方式等，掌握客户安全隐患状况，督促帮助客户治理整改，实施逐项整改销号。

（11）计量装置接线是否正确，封印是否齐全，配电变压器容量有无超容，有无存在窃电（违约用电）的嫌疑和隐患。

3. 计量装置安全隐患排查

（1）现场采集设备（电能表、采集终端等）是否完好，登记终端与相关配件的连通情况是否正常（SIM 卡、外置负荷开关、门禁开关），检查终端安装及运行情况是否存在故障。

（2）计量箱（柜）体情况是否完好，有无存在计量箱整体破损、严重锈蚀、箱体不完整、箱内存在易燃杂物或存在其他安全隐患等现象。

（3）计量箱（柜）电气部分情况是否完好，有无存在计量箱接线端子、开关等电气连接部分及周围塑料部件出现严重老化、发热、变形、烧损等情况。

（4）计量箱（柜）周围环境是否符合要求，计量箱（柜）周围有无存在易燃易爆物品，容易导致火势蔓延的情况。

（5）计量装置容量配置与当前用电负荷是否匹配，有无存在计量装置烧毁的情况。

发现计量装置存在严重安全隐患的，应立即制定整改计划。存在表后线老化、线径不足的，应书面通知用户开展整治，并留下相关证据；重要用户的安全隐患应向政府相关部门备案。

4. 营销现场作业安全隐患排查

（1）电能表、互感器、采集终端、计量箱等电能计量装置的装拆和现场校验工作是否按照《国家电网公司营销现场作业安全工作规程（试行）》的有关要求规范开展。

（2）分布式电源现场查勘时有无核对设备运行状态，并网验收时是否按验收标准开展验收工作。

（3）充换电设备安装、调试及接入，充换电站巡视，充换电设备清扫保养，充换电站检修，现场充（换）电服务等工作是否按照《国家电网公司营销现场作业安全工作规程（试行）》的有关要求规范开展。

（4）综合能效工作中电缆安装与敷设、二次回路上工作、采集终端安装、互感器安装、能源服务网关安装、调试检查等工作是否按照《国家电网公司营销现场作业安全工作规程（试行）》的有关要求规范开展。

（5）新能源（屋顶光伏）建设中现场查勘、方案确定、光伏支架焊接、光伏组件安装、汇流箱安装等工作是否按相关标准、规范要求进行。

（6）港口岸电、煤锅炉电能替代、电制冷及采暖等电能替代工作现场调研勘查时是否按《国家电网公司营销现场作业安全工作规程（试行）》相关要求执行，工作现场的环境是否熟悉，特种设备作业人员有无相应资质，设备检修巡查有无按要求定期开展，发现设备缺隐时有无及时汇报并采取必要的应急措施，发生设备故障有无查明原因。

五、监督考核

1. 系统核查

各级安委办应利用安全隐患管理信息系统，对所属单位隐患排查、评估、治理、验收等工作实行全过程动态跟踪，及时掌握隐患排查、项目立项和治理验收工作进度，分析问题不足，开展针对性督导检查。

2. 现场检查

各级安委办应加强隐患治理情况现场监督检查，可会同专业部门开展实地抽查、检查和督促指导，对隐患排查不深入，整改责任不落实，较大及以上隐患不报、迟报、谎报等问题及时通报，必要时开展安全警示约谈。

3. 工作评价

各级安委办应综合运用信息系统核查、现场监督检查等手段，结合安全事故（事件）结果，对所属单位隐患标准编制、工作机制运转、排查治理成效进行评价，将结果纳入安全工作考核范围。

4. 责任考核

针对有排查标准但未有效发现安全隐患，在上级检查中被发现的，应坚持"隐患就是事故"的原则，对重大、较大、一般、较小隐患分别按照五至八级安全事件对相关责任单位进行惩处，对重复发生的提升惩处等级。

5. 正向激励

各单位应建立隐患排查治理的激励机制，对在隐患排查治理工作中做出突出贡献的个人、单位给予通报表扬和奖励，相关费用从各单位安全生产专项奖中列支，各级安委办组织对所属单位奖励申请进行审查，经本单位安委会审议后实施。

（1）及时排查发现较大及以上安全隐患并采取有效措施避免事故发生的，重大隐患奖励集体不低于 5 万元、个人不低于 5000 元，较大隐患奖励集体不低于 2 万元、个人不低于 2000 元。

（2）及时排查治理隐患排查标准之外安全隐患的，重大、较大、一般隐患奖励集体分别不低于 10 万元、5 万元、2 万元，奖励个人分别不低于 1 万元、5000 元、2000 元。

（3）及时排查治理典型性、家族性隐患并得到上级单位认可推广的，公司总部认可推广的奖励集体不低于 5 万元、个人不低于 5000 元，省公司级单位认可推广的奖励集体不低于 2 万元、个人不低于 2000 元。

（4）及时排查治理常规方法（手段）不易发现的隐蔽性安全隐患，根据隐患危害大小和发现难易程度，奖励集体不低于 1 万元、奖励个人不低于 1000 元。

6. 责任追究

对发生安全事故（事件）的单位，要全面倒查隐患排查治理工作存在的问题，对未严格落实隐患排查治理工作责任，或因隐患排查不细致、防控不到位、治理不及时等，导致事故事件发生的，严肃追究相关单位及人员责任。

第五章

生产现场的安全设施

安全设施是指在生产现场经营活动中将危险因素、有害因素控制在安全范围内以及为预防、减少、消除危害所设置的安全标志、设备标志、安全警示线、安全防护设施的统称。变电站内生产活动所涉及的场所、设备（设施）、检修施工等特定区域以及其他有必要提醒人们注意危险有害因素的地点，应配置标准化的安全设施。

安全设施的配置要求如下：

（1）安全设施应清晰醒目、规范统一、安装可靠、便于维护，适应使用环境要求。

（2）安全设施所用的颜色应符合 GB 2893—2013《安全色》的规定。

（3）变电设备（设施）本体或附近醒目位置应装设设备标志牌，涂刷相色标志或装设相位标志牌。

（4）变电站设备区与其他功能区、运行设备区与改（扩）建施工区之间应装设区域隔离遮栏，不同电压等级设备区宜装设区域隔离遮栏。

（5）生产场所安装的固定遮栏应牢固，工作人员出入口等活动部位应加锁。

（6）变电站入口应设置减速线，变电站内适当位置应设置限高、限速标志。设置标志应易于观察。

（7）变电站内地面应标注设备巡视路线和通道边缘警戒线。

（8）安全设施设置后，不应构成对人身伤害、设备的安全的潜在风险或妨碍正常工作。

第一节 安 全 标 志

安全标志是指用以表达特定安全信息的标志，由图形符号、安全色、几何形状（边框）和文字构成。安全标志分禁止标志、警告标志、指令标志、提示标志四大基本类型和消防安全标志等特定类型。

一、一般规定

（1）安全标志的有效作用区是指由观察者的最大观察距离所形成的球形视觉空间，球形空间的表面代表观察者应该能够正确识别安全标志中符号要素的临界位置。

（2）观察者到达安全标志有效作用区的边界后，在到达安全观察距离之前，应能够正确识别安全标志的图形符号并正确遵守安全标志所传达的信息。安全标志带有辅助文字时，观察者到达安全观察距离之前应该能够正确识读辅助文字。不宜使用辅助文字来确定标志的最大观察距离。

（3）变电站设置的安全标志包括禁止标志、警告标志、指令标志、提示标志四种基本类型和消防安全标志、道路交通标志等特定类型。

（4）安全标志一般使用相应的通用图形和辅助文字的组合标志。

（5）安全标志一般采用标志牌的形式，宜使用衬边，以使安全标志与周围环境形成较为强烈的对比。

（6）安全标志所用的颜色、图形符号、几何形状、文字，标志牌的材质、表面质量、衬边及型号选用、设置高度、使用要求应符合 GB 2894—2013《安全标志及其使用导则》的规定。

（7）安全标志牌应设在与安全有关场所的醒目位置，便于观察并遵守其所表达的内容。

（8）安全标志牌不宜设在可移动的物体上，以免标志牌随母体物体相应移动，影响认读。标志牌前不得放置妨碍认读的障碍物。

（9）多个标志在一起设置时，应按照警告、禁止、指令、提示类型的顺序，先左后右、先上后下地排列，且应避免出现相互矛盾、重复的现象。也可以根据实际，使用多重标志。

（10）安全标志牌应定期检查，如发现破损、变形、褪色等不符合要求时，应及时修整或更换。修整或更换时，应有临时的标志替换，以避免发生意外伤害。

（11）变电站入口，应根据站内通道、设备、电压等级等具体情况，在醒目位置按配置规范设置相应的安全标志牌，如"当心触电""未经许可 不得入内"

"禁止吸烟""必须戴安全帽"等，并应设立限速的标识（装置）。

（12）设备区入口，应根据通道、设备、电压等级等具体情况，在醒目位置按配置规范设置相应的安全标志牌，如"当心触电""未经许可　不得入内""禁止吸烟""必须戴安全帽"及安全距离等，并应设立限速、限高的标识（装置）。

（13）各设备间入口，应根据内部设备、电压等级等具体情况，在醒目位置按配置规范设置相应的安全标志牌，如主控制室、继电器室、通信室、自动装置室应配置"未经许可　不得入内""禁止烟火"；继电器室、自动装置室应配置"禁止使用无线通信"；高压配电装置室应配置"未经许可　不得入内""禁止烟火"；GIS 组合电器室、SF$_6$ 设备室、电缆夹层应配置"禁止烟火""注意通风""必须戴安全帽"等。

二、禁止标志及设置规范

禁止标志是指禁止或制止人们不安全行为的图形标志。常用禁止标志名称、图形标志示例及设置规范见表 5－1。

表 5－1　　　　常用禁止标志名称、图形标志示例及设置规范

序号	名称	图形标志示例	设置范围和地点
1	禁止烟火	禁止烟火	主控制室、继电器室、蓄电池室、通信室、自动装置室、变压器室、配电装置室、检修、试验工作场所、电缆夹层、隧道入口、危险品存放点等处
2	禁止用水灭火	禁止用水灭火	变压器室、配电装置室、继电器室、通信室、自动装置室等处（有隔离油源设施的室内油浸设备除外）
3	禁止跨越	禁止跨越	不允许跨越的深坑（沟）等危险场所、安全遮栏等处

续表

序号	名称	图形标志示例	设置范围和地点
4	未经许可不得入内		易造成事故或对人员有伤害的场所的入口处，如高压设备室入口、消防泵室、雨淋阀室等处
5	禁止堆放		消防器材存放处、消防通道、逃生通道及变电站主通道、安全通道等处
6	禁止使用无线通信		继电器室、自动装置室等处
7	禁止合闸有人工作		一经合闸即可送电到施工设备的断路器和隔离开关操作把手上等处
8	禁止合闸线路有人工作		线路断路器和隔离开关把手上
9	禁止分闸		接地闸刀与检修设备之间的断路器操作把手上
10	禁止攀登高压危险		高压配电装置构架的爬梯上，变压器、电抗器等设备的爬梯上

三、警告标志及设置规范

警告标志是指提醒人们对周围环境引起注意，以避免可能发生危险的图形标志。常用警告标志名称、图形标志示例及设置规范见表5-2。

表5-2　　　常用警告标志名称、图形标志示例及设置规范

序号	名称	图形标志示例	设置范围和地点
1	注意安全	注意安全	易造成人员伤害的场所及设备等处
2	注意通风	注意通风	SF₆装置室、蓄电池室、电缆夹层、电缆隧道入口等处
3	当心易燃物	当心易燃物	易发生火灾的危险场所，如电气检修试验、焊接及有易燃易爆物质的场所
4	当心爆炸物	当心爆炸物	易发生爆炸危险的场所，如易燃易爆物质的使用或受压容器等地点
5	当心中毒	当心中毒	装有SF₆断路器、GIS组合电器的配电装置室入口，生产、储运、使用剧毒品及有毒物质的场所
6	当心触电	当心触电	设置在有可能发生触电危险的电气设备和线路，如配电装置室、开关等处

续表

序号	名称	图形标志示例	设置范围和地点
7	当心电缆	当心电缆	暴露的电缆或地面下有电缆处施工的地点
8	当心腐蚀	当心腐蚀	蓄电池室内墙壁等处
9	止步高压危险	止步高压危险	带电设备固定遮栏上，室外带电设备构架上，高压试验地点安全围栏上，因高压危险禁止通行的过道上，工作地点邻近室外带电设备的安全围栏上，工作地点邻近带电设备的横梁上等处

四、指令标志及设置规范

指令标志是指强制人们必须做出某种动作或采用防范措施的图形标志。常用指令标志名称、图形标志示例及设置规范见表5-3。

表5-3　　　常用指令标志名称、图形标志示例及设置规范

序号	名称	图形标志示例	设置范围和地点
1	必须戴防毒面具	必须戴防毒面具	设置在具有对人体有害的气体、气溶胶、烟尘等作业场所，如有毒物散发的地点或处理有毒物造成的事故现场等处
2	必须戴安全帽	必须戴安全帽	设置在生产现场（办公室、主控制室、值班室和检修班组室除外）佩戴

续表

序号	名称	图形标志示例	设置范围和地点
3	必须戴防护手套	必须戴防护手套	设置在易伤害手部的作业场所，如具有腐蚀、污染、灼烫、冰冻及触电危险的作业等处
4	必须穿防护鞋	必须穿防护鞋	设置在易伤害脚部的作业场所，如具有腐蚀、灼烫、触电、砸（刺）伤等危险的作业地点

五、提示标志及设置规范

提示标志是指向人们提供某种信息（如标明安全设施或场所等）的图形标志。常用提示标志名称、图形标志示例及设置规范见表5-4。

表5-4　　　　　常用提示标志名称、图形标志示例及设置规范

序号	名称	图形标志示例	设置范围和地点
1	在此工作	在此工作	工作地点或检修设备上
2	从此上下	从此上下	工作人员可以上下的铁（构）架、爬梯上
3	从此进出	从此进出	工作地点遮栏的出入口处
4	紧急洗眼水		悬挂在从事酸、碱工作的蓄电池室、化验室等洗眼水喷头旁
5	安全距离	220kV 设备不停电时的安全距离	根据不同电压等级标示出人体与带电体最小安全距离。设置在设备区入口处

六、消防安全标志及设置规范

消防安全标志是指用以表达与消防有关的安全信息，由安全色、边框、以图像为主要特征的图形符号或文字构成的标志。

在变电站的主控制室、继电器室、通信室、自动装置室、变压器室、配电装置室、电缆隧道等重点防火部位入口处以及储存易燃易爆物品仓库门口处应合理配置灭火器等消防器材，并设置相应消防标志；在火灾易发生部位设置火灾探测和自动报警装置。

各生产场所应有逃生路线的标示，楼梯主要通道门上方或左（右）侧装设紧急撤离提示标志。

常用消防安全标志名称、图形标志示例及设置规范见表5-5。

表5-5　　　　常用消防安全标志名称、图形标志示例及设置规范

序号	名称	图形标志示例	设置范围和地点
1	消防按钮		依据现场环境，设置在适宜、醒目的位置
2	火警电话		依据现场环境，设置在适宜、醒目的位置
	消防电话		
3	消火栓箱		设置在生产场所构筑物内的消火栓处

续表

序号	名称	图形标志示例	设置范围和地点
4	地上消火栓		固定在距离消火栓 1m 的范围内，不得影响消火栓的使用
5	地下消火栓		固定在距离消火栓 1m 的范围内，不得影响消火栓的使用
6	灭火器		悬挂在灭火器、灭火器箱的上方或存放灭火器、灭火器箱的通道上。泡沫灭火器器身上应标注"不适用于电火"字样
7	消防水带		指示消防水带、软管卷盘或消防栓箱的位置
8	火灾报警装备或灭火设备的方位		指示火灾报警装备或灭火设备的方位
9	疏散方向		指示到安全出口的方向。用于电缆隧道指向最近出口处
10	安全出口		便于安全疏散的紧急出口处，与方向箭头结合设在通向紧急出口的通道、楼梯口等处

续表

序号	名称	图形标志示例	设置范围和地点
11	消防水池	1号消防水池	装设在消防水池附近醒目位置，并应编号
12	消防沙池（箱）	1号消防沙池	装设在消防沙池（箱）附近醒目位置，并应编号
13	防火墙	1号防火墙	在变电站的电缆沟（槽）进入主控制室、继电器室处和分接处、电缆沟每间隔约 60m 处应设防火墙，将盖板涂成红色，标明"防火墙"字样，并应编号

七、道路交通标志及设置规范

道路交通标志是用以管制及引导交通的一种安全管理设施。用文字和符号传递引导、限制、警告或指示信息的道路设施。

限制高度标志表示禁止装载高度超过标志所示数值的车辆通行。

限制速度标志表示该标志至前方解除限制速度标志的路段内，机动车行驶速度（单位为 km/h）不准超过标志所示数值。

变电站道路交通标志名称、图形标志示例及设置规范见表 5−6。

表 5−6　　变电站道路交通标志名称、图形标志示例及设置规范

序号	名称	图形标志示例	设置范围和地点
1	限制高度标志	3.5m	变电站入口处、不同电压等级设备区入口处等最大容许高度受限制的地方
2	限制速度标志	5	变电站入口处、变电站主干道及转角处等需要限制车辆速度的路段起点

第二节 设 备 标 志

设备标志是指用以标明设备名称、编号等特定信息的标志，由文字和（或）图形构成。设备标志由设备名称和设备编号组成。设备标志应定义清晰，具有唯一性。功能、用途完全相同的设备，其设备标志应统一。

一般规定：

（1）设备标志牌应设置在设备本体或附件醒目位置。

（2）两台及以上集中排列安装的电气盘应在每台盘上分别配置各自的设备标志牌。两台及以上集中排列安装的前后开门电气盘，前、后均应配置设备标志牌，且同一盘柜前、后设备标志牌应一致。

（3）GIS 设备的隔离开关和接地开关标志牌根据现场实际情况装设，母线的标志牌按照实际相序位置排列，安装于母线筒端部；隔室标志安装于靠近本隔室取气阀门旁醒目位置，各隔室之间通气隔板周围涂红色，非通气隔板周围涂绿色，宽度根据现场实际确定。

（4）电缆两端应悬挂标明电缆编号、名称、起点、终点、型号的标志牌，电力电缆还应标注电压等级、长度。

（5）各设备间及其他功能室入口处醒目位置均应配置房间标志牌，标明其功能及编号，室内醒目位置应设置逃生路线图、定置图（表）。

（6）电气设备标志文字内容应与调度机构下达的编号相符，其他电气设备的标志内容可参照调度编号及设计名称。一次设备为分相设备时应逐相标注，直流设备应逐极标注。

设备标志名称、图形标志示例及设置规范见表 5-7。

表 5-7　　　　　　设备标志名称、图形标志示例及设置规范

序号	名称	图形标志示例	设置范围和地点
1	变压器（电抗器）标志牌	1号主变压器 1号主变压器 A相	1）安装固定于变压器（电抗器）器身中部，面向主巡视检查路线，并标明名称、编号。 2）单相变压器每相均应安装标志牌，并标明名称、编号及相别。 3）线路电抗器每相应安装标志牌，并标明线路电压等级、名称及相别

序号	名称	图形标志示例	设置范围和地点
2	主变（线路）穿墙套管标志牌	**1号主变压器** **10kV穿墙套管** Ⓐ Ⓑ Ⓒ **1号主变压器** **110kV穿墙套管** Ⓑ	1）安装于主变压器（线路）穿墙套管内、外墙处。 2）标明主变压器（线路）编号、电压等级、名称。分相布置的还应标明相别
3	滤波器组、电容器组标志牌	**3601 ACF 交流滤波器**	1）在滤波器组（包括交、直流滤波器，PLC 噪声滤波器、RI 噪声滤波器）、电容器组的围栏门上分别装设，安装于离地面1.5m 处，面向主巡视检查路线。 2）标明设备名称、编号
4	断路器标志牌	**500kV ××线** **5031 断路器** **500kV ××线** **5031 断路器** **A相**	1）安装固定于断路器操动机构箱上方醒目处。 2）分相布置的断路器标志牌安装在每相操动机构箱上方醒目处，并标明相别。 3）标明设备电压等级、名称、编号
5	隔离开关标志牌	**500kV ××线** **50314 隔离开关** **500kV** **×** **×** **线** **50314**	1）手动操作型隔离开关安装于隔离开关操动机构上方 100mm 处。 2）电动操作型隔离开关安装于操动机构箱门上醒目处。 3）标志牌应面向操作人员。 4）标明设备电压等级、名称、编号
6	电流互感器、电压互感器、避雷器、耦合电容器等标志牌	**500kV ××线** **电流互感器** **A相** **220kV Ⅱ段母线** **1号避雷器** **A相**	1）安装在单支架上的设备，标志牌还应标明相别，安装于离地面 1.5m 处，面向主巡视检查路线。 2）三相共支架设备，安装于支架横梁醒目处，面向主巡视检查路线。 3）落地安装加独立遮栏的设备（如避雷器、电抗器、电容器、所用变压器、专用变压器等），标志牌安装在设备围栏中部，面向主巡视检查路线。 4）标明设备电压等级、名称、编号及相别

续表

序号	名称	图形标志示例	设置范围和地点
7	控制箱、端子箱标志牌	500kV ××线 5031 断路器端子箱	1）安装在设备本体上醒目处，面向主巡视检查线路。 2）标明设备名称、编号
8	接地刀闸标志牌	500kV ××线 503147 接地开关 A相 500kV × × 线 503147	1）安装于接地刀闸操作机构上方100mm处。 2）标志牌应面向操作人员。 3）标明设备电压等级、名称、编号、相别
9	控制、保护、直流、通信等盘柜标志牌	220kV ××线光纤纵差保护屏	1）安装于盘柜前后顶部门楣处。 2）标明设备电压等级、名称、编号
10	熔断器、交（直）流开关标志牌	回路名称： 型 号： 熔断电流：	1）悬挂在二次屏中的熔断器、交（直）流开关处。 2）标明回路名称、型号、额定电流
11	避雷针标志牌	1号避雷针	1）安装于避雷针距地面1.5m处。 2）标明设备名称、编号
12	明敷接地体	100~150mm	全部设备的接地装置（外露部分）应涂宽度相等的黄绿相间条纹，间距以100~150mm为宜
13	地线接地端（临时接地线）	接地端	固定于设备压接型地线的接地端
14	低压电源箱标志牌	220kV 设备区电源箱	1）安装于各类低压电源箱上的醒目位置。 2）标明设备名称及用途

第三节　安全防护设施

一、安全警示线

安全警示线的一般规定如下：

（1）安全警示线用于界定和分割危险区域，向人们传递某种注意或警告的信息，以避免人身伤害。安全警示线包括禁止阻塞线、减速提示线、安全警戒线、防止踏空线、防止碰头线、防止绊跤线和生产通道边缘警戒线等。

（2）安全警示线一般采用黄色或与对比色（黑色）同时使用。

安全警示线名称、图形标志示例及设置规范见表5-8。

表5-8　　　　安全警示线名称、图形标志示例及设置规范

序号	名称	图形标志示例	设置范围和地点
1	禁止阻塞线		1）标注在地下设施入口盖板上。 2）标注在主控制室、继电器室门内外，消防器材存放处，防火重点部位进出通道。 3）标注在通道旁边的配电柜前（800mm）。 4）标注在其他禁止阻塞的物体前
2	减速提示线		标注在变电站站内道路的弯道、交叉路口和变电站进站入口等限速区域的入口处
3	安全警戒线	设备屏 设备屏 设备区 设备屏	1）设置在控制屏（台）、保护屏、配电屏和高压开关柜等设备周围。 2）安全警戒线至屏面的距离宜为300~800mm，可根据实际情况进行调整

续表

序号	名称	图形标志示例	设置范围和地点
4	防止碰头线		标注在人行通道高度小于 1.8m 的障碍物上
5	防止绊跤线		1）标注在人行横道地面上高差 300mm 以上的管线或其他障碍物上。 2）采用 45°间隔斜线（黄/黑）排列进行标注
6	防止踏空线		1）标注在上下楼梯第一级台阶上。 2）标注在人行通道高差 300mm 以上的边缘处
7	生产通道边缘警戒线		1）标注在生产通道两侧。 2）为保证夜间可见性，宜采用道路反光漆或强力荧光油漆进行涂刷
8	设备区巡视路线		标注在变电站室内外设备区道路或电缆沟盖板上

二、安全防护设施

安全防护设施是指防止外因引发的人身伤害、设备损坏而配置的防护装置和用具。

一般规定：

（1）安全防护设施用于防止外因引发的人身伤害，包括安全帽、安全工器具柜、安全工器具试验合格证标志牌、固定防护遮栏、区域隔离遮栏、临时遮栏（围栏）、红布幔、孔洞盖板、爬梯遮栏门、防小动物挡板、防误闭锁解锁钥匙箱等设施和用具。

（2）工作人员进入生产现场，应根据作业环境中所存在的危险因素，穿戴或使用必要的防护用品。

安全防护设施、图形标志示例及配置规范见表 5-9。

表 5-9　　　　　　安全防护设施、图形标志示例及配置规范

序号	名称	图形标志示例	设置范围和地点
1	安全帽		1）安全帽用于作业人员头部防护。任何人进入生产现场（办公室、主控制室、值班室和检修班组室除外），应正确佩戴安全帽。 2）安全帽应符合 GB 2811—2007《安全帽》的规定。 3）安全帽前面有国家电网公司标志，后面为单位名称及编号，并按编号定置存放。 4）安全帽实行分色管理。红色安全帽为管理人员使用，黄色安全帽为运维人员使用，蓝色安全帽为检修（施工、试验等）人员使用，白色安全帽为外来参观人员使用
2	安全工器具柜（室）		1）变电站应配备足量的专用安全工器具柜。 2）安全工器具柜应满足国家、行业标准及产品说明书关于保管和存放的要求。 3）安全工器具室（柜）宜具有温度、湿度监控功能，满足温度为 -15～35℃、相对湿度为 80%以下，保持干燥通风的基本要求
3	安全工器具试验合格证标志牌	安全工器具试验合格证 名称　　　编号 试验日期　　年　月　日 下次试验日期　年　月　日	1）安全工器具试验合格证标志牌贴在经试验合格的安全工器具醒目处。 2）安全工器具试验合格证标志牌可采用粘贴力强的不干胶制作，规格为 60mm×40mm
4	接地线标志牌及接地线存放地点标志牌	01 号接地线 编号：01 电压：220kV ××变电站	1）接地线标志牌固定在接地线接地端线夹上。 2）接地线标志牌应采用不锈钢板或其他金属材料制成，厚度 1.0mm。 3）接地线标志牌尺寸为 $D=30\sim50mm$，$D_1=2.0\sim3.0mm$。 4）接地线存放地点标志牌应固定在接地线存放醒目位置

续表

序号	名称	图形标志示例	设置范围和地点
5	固定防护遮栏		1）固定防护遮栏适用于落地安装的高压设备周围及生产现场平台、人行通道、升降口、大小坑洞、楼梯等有坠落危险的场所。 2）用于设备周围的遮栏高度不低于 1700mm，设置供工作人员出入的门并上锁；防坠落遮栏高度不低于 1050mm，并装设不低于 100mm 的护板。 3）固定遮栏上应悬挂安全标志，位置根据实际情况而定。 4）固定遮栏及防护栏杆、斜梯应符合规定，其强度和间隙满足防护要求。 5）检修期间需将栏杆拆除时，应装设临时遮栏，并在检修工作结束后将栏杆立即恢复
6	区域隔离遮栏		1）区域隔离遮栏适用于设备区与生活区的隔离、设备区间的隔离、改（扩）建施工现场与运行区域的隔离，也可装设在人员活动密集场所周围。 2）区域隔离遮栏应采用不锈钢或塑钢等材料制作，高度不低于 1050mm，其强度和间隙满足防护要求
7	临时遮栏（围栏）		1）临时遮栏（围栏）适用于下列场所： a）有可能高处落物的场所； b）检修、试验工作现场与运行设备的隔离； c）检修、试验工作现场规范工作人员活动范围； d）检修现场安全通道； e）检修现场临时起吊场地； f）防止其他人员靠近的高压试验场所； g）安全通道或沿平台等边缘部位，因检修拆除常设栏杆的场所； h）事故现场保护； i）需临时打开的平台、地沟、孔洞盖板周围等。 2）临时遮栏（围栏）应采用满足安全、防护要求的材料制作。有绝缘要求的临时遮栏应采用干燥木材、橡胶或其他坚韧绝缘材料制成。 3）临时遮栏（围栏）高度为 1050～1200mm，防坠落遮栏应在下部装设不低于 180mm 高的挡脚板。 4）临时遮栏（围栏）强度和间隙应满足防护要求，装设应牢固可靠。 5）临时遮栏（围栏）应悬挂安全标志，位置根据实际情况而定

续表

序号	名称	图形标志示例	设置范围和地点
8	红布幔	运行设备　运行设备	1）红布幔适用于变电站二次系统上进行工作时，将检修设备与运行设备前后以明显的标志隔开。 2）红布幔尺寸一般为 2400mm×800mm、1200mm×800mm、650mm×120mm，也可根据现场实际情况制作。 3）红布幔上印有运行设备字样，白色黑体字，布幔上下或左右两端设有绝缘隔离的磁铁或挂钩
9	孔洞盖板	覆盖式 镶嵌式	1）适用于生产现场需打开的孔洞。 2）孔洞盖板均应为防滑板，且应覆以与地面齐平的坚固的有限位的盖板。盖板边缘应大于孔洞边缘 100mm，限位块与孔洞边缘距离不得大于 25～30mm，网络板孔眼不应大于 50mm×50mm。 3）在检修工作中如需将盖板取下，应设临时围栏。临时打开的孔洞，施工结束后应立即恢复原状；夜间不能恢复的，应加装警示红灯。 4）孔洞盖板可制成与现场孔洞互相配合的矩形、正方形、圆形等形状，选用镶嵌式、覆盖式，并在其表面涂刷 45°黄黑相间的等宽条纹，宽度宜为 50～100mm。 5）盖板拉手可做成活动式，便于钩起
10	爬梯遮栏门	禁止攀登　高压危险 编号	1）应在禁止攀登的设备、构架爬梯上安装爬梯遮栏门，并予编号。 2）爬梯遮栏门为整体不锈钢或铝合金板门，其高度应大于工作人员的跨步长度，宜设置为 800mm 左右，宽度应与爬梯保持一致。 3）在爬梯遮栏门正门应装设"禁止攀登　高压危险"的标志牌
11	防小动物挡板		1）在各配电装置室、电缆室、通信室、蓄电池室、主控制室和继电器室等出入口处，应装设防小动物挡板，以防止小动物短路故障引发的电气事故。 2）防小动物挡板宜采用不锈钢、铝合金等不易生锈、变形的材料制作，高度应不低于 400mm，其上部应设有 45°黑黄相间色斜条防止绊跤线标志，标志线宽宜为 50～100mm

序号	名称	图形标志示例	设置范围和地点
12	防误闭锁解锁钥匙箱	解锁钥匙箱 解锁钥匙存放室	1）防误闭锁解锁钥匙箱是将解锁钥匙存放其中并加封，根据规定执行手续后使用。 2）防误闭锁解锁钥匙箱为木质或其他材料制作，前面部为玻璃面，在紧急情况下可将玻璃破碎，取出解锁钥匙使用。 3）防误闭锁解锁钥匙箱存放在变电站主控制室
13	防毒面具和正压式消防空气呼吸器	过滤式防毒面具 正压式消防空气呼吸器	1）变电站应按规定配备防毒面具和正压式消防空气呼吸器。 2）过滤式防毒面具是在有氧环境中使用的呼吸器。 3）过滤式防毒面具应符合 GB 2890—2009《呼吸防护自吸过滤式防毒面具》的规定。使用时，空气中氧气浓度不低于 18%，温度为 $-30\sim45$℃，且不能用于槽、罐等密闭容器环境。 4）过滤式防毒面具的过滤剂有一定的使用时间，一般为 $30\sim100$min。过滤剂失去过滤作用（面具内有特殊气味）时，应及时更换。 5）过滤式防毒面具应存放在干燥、通风，无酸、碱、溶剂等物质的库房内，严禁重压。防毒面具的滤毒罐（盒）的贮存期为 5 年（3 年），过期产品应经检验合格后方可使用。 6）正压式消防空气呼吸器是用于无氧环境中的呼吸器。 7）正压式消防空气呼吸器应符合 GA 124—2013《正压式消防空气呼吸器》的规定。 8）正压式消防空气呼吸器在贮存时应装入包装箱内，避免长时间曝晒，不能与油、酸、碱或其他有害物质共同贮存，严禁重压

第六章

典型违章举例与事故案例分析

第一节 典型违章举例

一、恶性违章

（1）停电作业不按规定验电、接地。

（2）高处作业不正确使用安全带、不戴安全帽。

（3）未经工作许可即开展工作。

（4）作业不按规定进行现场勘查。

（5）作业不按规定使用工作票、操作票。

（6）作业现场安全措施未做完整就进行工作。

（7）作业监护人员（工作负责人、专责监护人、同进同出人员）擅自离开现场。

（8）现场特种作业人员无证上岗。

（9）不按施工方案进行施工。

（10）使用不合格的验电笔、接地线、绝缘帮、安全带，高处落物高风险场所不戴安全帽。

二、严重违章和一般违章

（一）管理性违章

1. 严重违章

（1）安全第一责任人不按规定主管安全监督机构。

（2）安全第一责任人不按规定主持召开安全分析会。

（3）未明确和落实各级人员安全生产岗位职责。

（4）未按照安全责任体系建设要求，落实业务部门安全管理职责。

（5）未按规定设置安全监督机构和配置安全员。

（6）未按规定落实安全生产措施、计划、资金。

（7）对违章不制止、不考核。

（8）违章指挥或干预值班调度、运行人员操作。

（9）对事故未按照"四不放过"原则进行调查处理。

（10）对承包方未进行资质审查或违规进行工程发包。

（11）承发包工程未依法签订合同和安全协议，未明确双方应承担的安全责任。

（12）管理人员对仓库易燃、易爆物品等危险品放置规定不清楚。

（13）高风险、复杂的作业项目，无安全技术施工方案。

（14）未按照要求建立计量特种设备台账、计量特种设备人员台账和计量特种设备安全技术档案。

（15）安全风险等级在二级风险及以上的营销现场作业现场未实施计划管理。

（16）营销服务场所未配置或未按要求配齐消防设施。

2. 一般违章

（1）设备应检修而未按期检修、缺陷消除超过规定时限、设备缺陷管理流程未闭环。

（2）未按规定配置现场安全防护装置、安全工器具和个人防护用品。

（3）设备变更后相应的规程、制度、资料未及时更新。

（4）现场规程没有每年进行一次复查、修订，并书面通知有关人员。

（5）新入厂的生产人员，未组织三级安全教育或员工未按规定组织《安规》考试。

（6）没有每年公布工作票签发人、工作负责人、工作许可人、有权单独巡视高压设备人员名单。

（7）对排查出的事故隐患未制定整改计划或未落实整改治理措施。

（8）设计、采购、施工、验收未执行有关规定，造成设备装置性缺陷。

（9）客户受电工程接电条件审核完成前安排接电。

（10）大型施工或危险性较大作业期间管理人员未到岗到位。

（11）指派未具备岗位资质的人员担任工作票中的签发人、工作负责人和许可人。

（12）未按规定落实对违章人员的处罚。

（13）未按规定建立月、周、日安全生产例会制度，未及时召开月、周、日安全生产例会。

（14）"两措"计划未按要求及时完成。

（15）"两票"审核、评价、考核不严。

（16）未按规定严格审核现场运行主接线图，不与现场设备一次接线认真核实。

（17）按规定应进行现场勘察而未经现场勘察进行工作。

（18）现场安全勘查和预控措施落实不到位。

（19）电力短缺、电力服务及重要保电等营销专项应急预案无针对性或者未交底、未演练。

（二）行为性违章

1. 通用部分

（1）严重违章。

1）无计划作业或者随意调整作业计划、作业内容。

2）酒后开车、酒后从事电气检修施工作业或其他特种作业。

3）发生违章被指出后仍不改正。

4）在无安全技术措施，或未进行安全技术交底情况下，进行下列工作的：

a. 难度较大的或首次进行的带电作业；

b. 重要或首次进行的电气试验。

5）现场作业未按规定召开开工会，对工作任务、危险点及预控措施不清楚即开展作业。

6）现场工作查看带电设备时，安全措施不到位，安全距离无法保证。

7）巡视或检修作业，工作人员或机具与带电体不能保持规定的安全距离。

8）在带电设备附近使用金属梯子进行作业；在户外变电站和高压室内不按规定使用和搬运梯子、管子等长物。

9）有限空间作业未做到"先通风、再检测、后作业"，作业人员个人防中毒窒息等防护装备配备不齐，或无防护监护措施作业。

10）未将验电器的伸缩式绝缘棒长度拉足或验电时未逐相进行验电。

11）未经审批和超审批范围开展安全风险等级在二级风险及以上的现场作业。

（2）一般违章。

1）高处作业人员随手上下抛掷器具、材料。

2）工具或材料浮搁在高处。

3）地线及零线保护采用简单缠绕或钩挂方式。

4）不按规定使用电动工具及施工机具。

5）在带电设备周围使用钢卷尺、皮卷尺和线尺（夹有金属丝者）进行测量工作。

6）漏挂（拆）、错挂（拆）警告标示牌。

7）作业结束未做到工完、料尽、场地清，以及作业结束未及时封堵孔洞、盖好沟道盖板。

8）装设（拆除）接地线不规范的：

a. 装设接地线的导电部分或接地部分未清除油漆；

b. 用缠绕的方法装设接地线或用不合规定的导线进行接地短路；

c. 接地线的接地棒插入地下深度不满足《安规》要求；

d. 装、拆接地线时没有监护人（经批准可以单人装设接地线的项目除外）；

e. 接地线装设不牢固；

f. 使用的接地线型号不符合要求。

9）装（拆）接地线时，人体碰触接地线或接地的导线。

10）接地线与检修部分之间连有保险器或未做好防止分闸安全措施的断路器。

11）安全围栏未按《安规》要求设置。作业人员擅自移动、跨越安全围栏或超越安全警戒线，误入带电间隔或误操作设备。

12）工作负责人未对进入现场的厂家人员或外来人员进行安全教育，未填写安全教育卡并签名确认。

2. 工作票执行

（1）严重违章。

1）工作许可人未按工作票所列安全措施及现场条件，布置完善工作现场安全措施。

2）约时停、送电。

3）工作负责人变动未履行变更手续，未告知全体工作班成员及工作许可人。

4）作业人员擅自扩大工作范围、工作内容或擅自改变已设置的安全措施。

5）工作终结后，作业人员又进入该施工（检修）区域作业。

6）工作负责人、工作许可人不按规定办理工作许可和终结手续，或工作延期未办理工作票（施工作业票）延期手续。

（2）一般违章。

1）工作前未进行"三交三查"（交待工作任务、作业风险和安全措施，检查个人工器具、个人劳动防护用品和人员精神状况）。

2）应现场许可（终结）的工作，工作许可人未到现场许可（终结）。

3）工作票填写不规范，出现以下情况：

a. 计划工作时间与所批准的停役时间不符；

b. 工作票所填安全措施不全、不准确，与现场实际不符，或与现场勘查记录不符；

c. 工作票上工作班成员或人数与实际不符；

d. 工作票上工作任务不清或与实际工作不一致，票面涂改严重，漏填或错填内容；

e. 工作票、操作票、作业卡不按规定签名；

f. 工作负责人对临时加入的工作人员未交待安全注意事项和安全措施及工作任务，且未做好有关记录。

4）专责监护人不认真履行监护职责，从事与监护无关的工作。

5）每日收工和次日开工前，未履行工作间断手续。

3. 营销作业

（1）严重违章。

1）擅自操作客户设备。

2）业扩报装现场作业不按规定程序私自送电。

3）业扩报装现场作业不按规定采取反送电措施。

4）客户工程需开展中间检查环节时，客户接地、防雷、电缆沟等隐蔽工程中间检查未合格，即开展后续工程施工。

5）业扩报装现场竣工验收时，未验收设备是否符合"五防"要求，不熟悉增（减）容客户现场设备接线，未掌握设备带电情况。

6）业扩报装现场停（送）电，未确认客户受电设备状态即进行停（送）电。

7）反窃查违现场检查过程中，未有效落实安全技术措施。

8）现场减容、暂停、暂拆、暂换，未按相关业务现场安全规范开展工作，误停、误拆设备。

9）现场销户未完全断开与电网的电气连接。

10）接触金属表箱前未进行验电。

11）电压互感器二次回路未断开（电流互感器二次回路未短路），进行带电换表。

12）高压电能表、采集终端装拆及故障处理作业中，未使用全绝缘工具或接线错误。

13）低压电能表、采集终端装拆及故障处理时，工具的外裸导电部位未采取绝缘措施。

14）电能表现场检验，接线错误。

15）互感器现场检验接线前，未确认仪器外壳可靠接地，未确认测量回路与线路可靠连接，试验人员未站在绝缘垫上。

16）在有分布式电源接入的电网设备上开展现场作业时，未落实反送电措施。

17）分布式电源并网服务时，现场并网验收未验收设备是否符合"五防"要求，未制定并网启动方案，存在反送电风险。

18）分布式电源并网服务作业对客户设备情况、运行方式和接入位置了解不清楚。

（2）一般违章：主要是用电检查工作未填用现场作业工作卡。

4．消防及动火作业

（1）严重违章。

1）在蓄电池室、继保室、开关室、易燃易爆物品存放处等禁烟场所，未悬挂"严禁烟火"警告牌或出现吸游烟及其他火种的。

2）动火作业现场未配备足够适用的消防器材。

3）未履行有关手续即对有压力、带电、充油的容器及管道施焊。

4）在易燃物品及重要设备上方进行焊接，下方无监护人，未采取防火等安全措施。

5）易燃易爆物品、化学危险品或各种气瓶不按规定运输、存放和使用。

（2）一般违章。

1）未定期对消防器材进行检查、维护。

2）对未经处理的易燃易爆容器进行焊接切割。

5. 劳动防护用品及安全工器具

（1）严重违章。

1）雷雨天气巡视或操作室外高压设备不穿绝缘靴。

2）不按规定佩戴防尘、防毒用具。

（2）一般违章。

1）使用砂轮、车床不戴护目眼镜，使用钻床等旋转机具时戴手套等。

2）进入作业现场未按规定正确着装。

（三）装置性违章

1. 严重违章

（1）使用的安全防护用品、用具无生产厂家、许可证编号、生产日期及国家鉴定合格证书。

（2）高压配电装置带电部分对地距离不能满足规程规定且未采取措施。

（3）防误闭锁装置不全或不具备"五防"功能。

（4）金属封闭式开关设备未按照国家、行业标准设计制造压力释放通道。

（5）设备一次安装接线与技术协议和设计图纸不一致。

（6）能产生有毒有害气体（含六氟化硫等）的配电装置室、开关室等户内场所无通风装置或检漏装置。

（7）运行站（所）的消防水池、污水井、事故油池、电缆沟等无盖板且无安全防护措施。

（8）现场使用的各种与人体直接接触的低压电器无漏电保安器或保安器失效。

（9）电力设备拆除后，仍留有带电部分未处理。

（10）金属计量箱、配电箱未可靠接地且接地电阻不满足规定要求。

（11）分布式电源并网点无具有明显断开点的并网开断设备。

（12）充电站设备接线不规范、绝缘破损。

（13）充换电电池故障等引起的设备损坏。

2. 一般违章

（1）安全帽帽壳破损、缺少帽衬（帽箍、顶衬、后箍），缺少下颌带等。

135

（2）脚扣表面有裂纹、防滑衬层破裂，脚套带不完整或有伤痕等。

（3）电缆孔、洞、电缆入口处未用防火堵料封堵或工作班工作结束后未恢复原状。

（4）电气设备外壳、避雷器无接地或接地不规范。

（5）安全带（绳）断股、霉变、损伤或铁环有裂纹、挂钩变形、缝线脱开等。

（6）机械设备转动部分无防护罩，圆盘锯未设保护罩。

（7）临时电源、电源线盘无漏电保护装置。

（8）电气设备无安全警示标志或未根据有关规程设置固定遮（围）栏。

（9）高处走道、楼梯无栏杆。

（10）现场灭火器失效。

（11）安全工器具储存场所不满足要求。

（12）生产、办公室无疏散路径图、指示标志。

（13）防小动物措施不满足规定要求。

（14）脚手架未按规定搭设，如脚手架未满铺、脚手架未按要求与结构设置拉结等。

（15）施工机具和安全工器具未进行定期检测。

（16）梯子没有加装防滑装置，人字梯无限制开度装置。

（17）施工现场使用不合格工器具，手扳葫芦、汽车吊吊钩等保险扣脱落。

（18）生产、办公区域未配置或未按要求配齐消防设施。

（19）安全防护设施维护保养不到位，长期带病运行。

（20）用两相三孔插座代替三相插座。

第二节 事故案例分析

【案例一】计量前期勘察人身死亡事故

1. 事故经过

8月16日9时左右，某项目部（客户在建工程未供电）工作人员刘×到××供电公司计量中心联系当事人张××，共同前去进行计量前期勘察工作。因当日××供电公司生产工作计划上安排计量中心张××与马×去城市综合改造工作协调领导小组办公室新装供电客户处工作，张××与刘×初步约定视当天工作完成情况再行联系。14 时 30 分左右，刘×再次来到计量中心找到张××；15 时左右，张、刘二人乘项目部车辆前往工地现场；15 时 12 分，张××在车上电话告知班长贾×前去项目部工地；15 时 40 分勘察完现场后，张××要求刘×开车送其到城镇建设开发公司××新城工地。该用户工程属基建增容用电工程，原装容量为 800kVA，此次申请容量 1000kVA，总容量增至 1800kVA。到达现场后，××新城工地电工阎××带领张××来到新增容的 1000kVA 高压计量柜前，由阎××打开高压计量柜门，张××站在柜前俯身察看柜内设备过程中，发生高压计量柜最外侧 A 相母线对其头部放电，致其死亡，时间为 15 时 57 分。

经事故调查，××区城镇建设开发公司××新城客户设备制造厂家为××电器设备有限公司，产品通过国家 3C 强制性产品认证。高压计量柜型号为 HXGN—12，电压等级为 10kV。柜内设备的布置由上到下依次为 10kV 母线、10kV 电流互感器、隔离开关、熔断器、10kV 电压互感器。10kV 电气设备相序由外到内依次为 A、B、C。10kV 母线最低对地距离为 1.6m，隔离开关静触头对地距离为 0.65m。

2. 违章分析

（1）工作人员张××在客户电工未交待电气设备接线情况且未采取任何安全技术措施、履行许可手续的情况下到客户处工作。未主动了解客户现场设备带电情况，未采取必要的安全防护措施，未能与带电设备保证足够的安全距离，是造成此次事故的直接原因。

（2）××区城镇建设开发公司××新城用户在城东分局工程验收后，私自将进线电缆连接至线路开关（为原 800kVA 箱式变电站供电），导致进线电缆及 1000kVA 箱式变电站环网柜母线在新安装设备未完成计量验收前已带电，是本次事故发生的重要原因。

（3）生产计划执行不严格，计量中心班组临时动议安排现场作业。在当事人电话临时申请去××工地工作时，班长未按照规定擅自口头同意，班长在安排现场工作时也未落实保证现场安全的组织措施要求，班长严重失职失察，导致单人作业，是本次事故发生的又一重要原因。

（4）营销业扩报装工程管理缺位，工程现场管理不严，对客户用电监察不到位，未能及时发现客户设备施工过程中擅自变更接线方式，致使新增设备在未经验收情况下出现部分设备带电，是本次事故发生的另一原因。

3. 防止对策

（1）事故发生后，全局开展全员安全学习教育活动，全面梳理排查管理中存在的薄弱环节，切实从领导层、管理层、执行层认真查找管理漏洞，从主观上和管理上查找问题，深刻反思安全管理工作中的薄弱环节，及时采取防范措施，严防同类事故再次发生。

（2）认真学习国家电网公司营销、业扩报装的制度规定，学习安全工作规程，组织营销系统全员安全规程考试，不合格者不能上岗。全面排查营销管理和业扩报装过程中在管理制度、生产计划执行、现场安全措施设置、人员不规范行为、试验设备和工具、以及防止"人身触电、高处坠落、机械伤害、交通意外"等危险点预控方面存在的安全漏洞和隐患，明晰业扩报装职责分工、工作界面和工作流程，全面整顿营销安全工作秩序，健全营销安全管理制度体系，夯实营销工作安全基础，杜绝营销安全生产事故。

（3）严格生产计划的刚性执行，变更工作计划或安排临时工作必须履行严格的审批程序，批准领导在批准工作的同时必须明确到位干部，落实好现场安全措施。严禁无计划安排生产工作，严禁专业室、班组临时动议安排生产现场作业。坚持生产现场领导干部和管理人员到岗到位，切实做到人员到位、思想到位、责任到位、措施到位，重点抓好人身伤害安全风险管控，严反各类违章、违纪行为。严格执行《安规》和人身安全劳动保护措施，严格生产现场"两交底"和现场监护，扎实推行标准化作业，确保作业人员任务清楚、危险点清楚、作业程序方法清楚、安全保障措施清楚，确保职工人身安全。

（4）坚持以"三铁"反"三违"和"严抓严管、重奖重罚"的反违章工作标准，明确各级管理人员现场到位的主要职责就是查处违章，营造全员反违章工作氛围。同时充分调动和发挥监督作用，强化现场工作票签发人、工作负责人、专责监护人、工作许可人和工作班成员履责监督，督察现场保证人身安全的劳动保护措施和安全措施的执行情况，及时纠正违章行为和不安全现象，最大限度遏制生产现场各类违章行为，严防生产现场人身伤亡事故。同时要加强员工劳动纪律，严格执行请销假制度，严禁擅自离岗、脱岗，严禁私自外出工作。

（5）继续深化标准化作业。认真总结分析各单位主要专业实施标准化作业的成效和问题，在所有涉及现场作业的专业全面推行标准化作业，特别是一些冷门专业，如用电监察、计量、后勤物业等，制定标准化作业卡，将标准化作业向工作的前期准备和工作结束延伸，把作业过程中的各个关键环节与危险点分析等结合起来，实现现场作业全过程的安全控制和质量控制，确保工作计划受控、工作准备受控、作业过程受控、工作结束过程受控，达到现场作业安全管理精细化。

（6）深化安全事故隐患排查治理，落实《安全生产事故隐患排查治理实施细则》要求，在继续做好主设备安全隐患排查治理的同时，组织开展各项生产业务管理隐患排查治理，重点检查安全生产管理制度是否符合规程规范、是否符合现场实际、是否具有操作性，检查业务流程是否得到严格执行、是否存在管理空档、是否与其他业务存在冲突和矛盾等，逐步建立生产业务管理安全隐患定期排查治理机制，促进各项业务管理规范化、标准化和保证作业安全的目的。

【案例二】业扩报装验收人身死亡事故

1. 事故经过

9月26日8时30分，应业扩报装客户××建材有限公司要求，××供电公司客服中心安排客户专责吕××组织对新安装的800kVA箱式变电站（××电器开关有限公司生产）进行验收。10时55分，吕××带领验收人员××供电公司计量中心吴×、李×、运检部熊××和施工单位李×等4人前往现场。到达现场后，吕××在电话联系客户负责人，到现场协助验收事宜。稍后，现场人员听见"哎呀"一声，便看到计量中心李×跪倒在箱式变电站高压计量柜前的地上，身上着火。经现场施救后送往镇人民医院，11时20分确诊死亡。

经事故调查：9月17日施工人员施工完毕并试验合格，因客户要求送电，施工人员请示××送变电工程分公司经理薛××同意后，对箱式变电站进行搭火，仅向用户电工进行了告知，未经项目管理部门许可。9月26日，计量中心李×（男，27岁，大专学历，2006年参加工作）独自一人到箱式变电站高压计量柜处（工作地点），没有查验箱式变电站是否带电，强行打开具有带电闭锁功能的高压计量柜门（电磁锁为××电器有限公司生产），进行高压计量装置检查，触击计量装置（10kV）C相桩头。

2. 违章分析

（1）××供电公司计量中心李×（死者）对客户设备运行状况不清楚，在未经许可且未认真检查设备是否带电（有带电显示装置）的情况下，强行打开高压计量柜门，造成人身触电，是事故的直接原因。

（2）设备未经验收和管理部门批准，施工单位在用户要求下擅自将箱式变电站高压电缆搭火，造成设备在验收前即已带电，且未告知项目管理部门，是事故的主要原因之一。

（3）××供电公司客户服务中心验收组织不力，临时动议安排验收工作，现场未认真交待验收有关注意事项，对验收人员疏于管理，是事故的主要原因之一。

（4）生产厂家装配的电磁锁产品质量较差，锁具强度不够，不能在设备带电时有效闭锁，是事故的次要原因。

3. 防止对策

（1）认真梳理农电业扩报装项目管理流程，分析、查找存在的问题并提出针对性的解决措施，确保管理部门、施工单位、用户各方责任落实到位。

（2）严格执行电气工程（设备）竣工验收投运管理相关规定。在业扩报装工程中，严格执行电气工程（设备）竣工验收投运管理相关流程与规定，严把设备、验收人员安全关。

（3）强化作业现场安全管控。进一步加大作业现场稽查力度，重点针对班前班后会召开情况、"两票"制度执行、危险点分析、现场安全措施落实情况，从严从重处罚违章行为。

（4）严格执行设备验收管理制度。严格履行设备到货交接手续，做到到货设备与设计要求相符、档案资料齐全、记录完整。

（5）加强安全教育培训，组织全员《安规》考试，不合格者集中培训补考。组织开展班组长及工作负责人安全能力评估工作，对评估不合格的有关人员离岗培训，经考试考核合格后方可重新上岗。

【案例三】业扩报装验收人身事故

1. 事故经过

2013年3月7日上午9时55分，根据用户××机电设备有限公司（以下简称机电公司）3月1日验收申请，××供电公司营销部业扩项目经理陈××

持派工单，组织计量班黄××、用电检查班钱××、采集运维班朱××共4人，到机电公司自建的 10kV 业扩工程现场进行验收，在没有采取安全组织和技术措施的情况下开展验收工作。朱××（男，1977年出生）在进线开关柜柜后检查过程中，用相机拍摄进线柜线路 TV 铭牌时发生触电，抢救无效后死亡。

该业扩工程于 2012 年 8 月 6 日机电公司向××供电公司申请中间检查，8月9日，××供电公司营销部组织检查后提出整改要求；8月20日，××电业局营销部组织对该业扩工程（未通过验收）进行了接火。

2. 违章分析

这是一起典型的业扩工程验收人员违章责任事故。

（1）事故单位把安全规章制度束之高阁，业扩工程验收管理粗放，对没有通过验收的设备进行接火，对已接火的设备没有视为"运用中设备"。

（2）参与人员安全意识淡薄，不勘查现场、不执行工作票制度、不进行安全交底、不落实"停电、验电、挂接地线"等基本安全技术措施，《安规》形同虚设，随意组织开展现场工作。

3. 防止对策

（1）进一步梳理营销业扩工程全过程管理流程，细化落实验收、接火、送电等关键环节安全管控措施。工程接电后，所有电气设备应视为"运用中设备"，严格执行"两票三制"工作规定，严格落实"停电、验电、装设接地线、悬挂标识牌和安装遮栏"等安全技术措施。

（2）加强分散、小型作业现场安全组织管理，严格履行现场勘察制度，组织开好班前会、班后会，做好安全交底和技术交底，确保每一位作业人员任务清楚、危险点清楚、作业程序清楚、安全措施清楚，管理人员不到位不得开工。

（3）结合安全培训工作，组织营销人员宣贯《国家电网公司电力安全工作规程》和《营销业扩报装工作全过程防人身事故十二条措施（试行）》《营销业扩报装工作全过程安全风险点辨识与预控手册（试行）》，并严格开展以《安规》为主要内容的安全考试。

【案例四】××县供电公司"4·8"人身伤亡事故

1. 事故经过

4月8日9时25分，××县供电公司所属集体企业阳光工程公司员工刘

××（男，1974年生，中专学历，农电工）在进行10kV酒厂06线××分支线#39杆花园#2台区低电压改造工作，装设接地线的过程中触电，抢救无效死亡。

根据施工计划安排，8日9时左右，工作负责人刘××（死者）和工作班成员王×在××分支线#41杆装设高压接地线两组（其中一组装在同杆架设的废弃线路上，事后核实该废弃线路实际带电，系酒厂分支线）。因两人均误认为该线路废弃多年不带电，当王×在杆上装设好××分支线的接地线后，未验电就直接装设第二组接地线。接地线上升拖动过程中接地端并接桩头不牢固而脱落，地面监护人刘××未告知杆上人员即上前恢复脱落的接地桩头，此时王×正在杆上悬挂接地线，由于该线路实际带有10kV电压，王×感觉手部发麻，随即扔掉接地棒，刘××因垂下的接地线此时并未接地且靠近自己背部，同时手部又接触了打入大地的接地极，随即触电倒地。王×立即下杆召集相邻杆的地面工作人员姜××、张××对伤者刘××进行心肺复苏急救，并拨打120急救电话，约20分钟后（9时45分左右）医务人员赶到现场将伤者送往医院抢救，11时左右抢救无效死亡。

2．违章分析

（1）本次事故暴露出设备管理工作存在严重漏洞，线路图纸与实际不符，设备标识不完善，对历史遗留的有关客户线路与公司线路同杆架设问题不清楚，属严重管理违章。

（2）工作票签发人、许可人在不掌握现场相邻设备带电的情况下，错误签发、许可工作内容和安全措施，现场作业人员未验电就装设接地线，属严重作业违章。

3．防止对策

（1）深刻吸取事故教训，全面排查管理违章和作业违章，采取切实有效的整改措施，杜绝各类违章行为。

（2）加强设备管理，做到图纸与现场相符；作业前认真勘察现场，正确签发、许可工作票，确保安全措施与实际相符；作业中正确执行各项安全技术措施，做到不漏项、不错项。

（3）深入开展反违章，严格执行《安规》，针对性地开展隐患排查，切实保障安全生产。

【案例五】××县供电公司"6·7"人身伤亡事故

1. 事故经过

2017 年 6 月 7 日，××县供电公司××营业所农电工在开展低压台区综合配电箱计量检查时，发生一起触电人身事故，死亡 1 人。

6 月 7 日 15 时 05 分，××县供电公司××营业所人员刘××、钟××（工作负责人）2 人到湖上乡 10kV 湖珍线湖上村 R0003 台区开展 0.4kV 低压综合配电箱计量检查，15 时 22 分，刘××攀登竹梯至 0.4kV 低压综合配电箱进线柜检查变压器互感器变比，钟××负责监护（综合配电箱距离地面高度约 2.3m，刘××站在竹梯第 7 层距离地面高度约为 1.9m）。刘××在检查过程中，不慎碰触到 220V（C 相）低压铝排裸露的连接部位（漏电保安器上端），触电从竹梯坠落，紧急送至湖头镇医院后，经抢救无效死亡。

2. 事故原因

（1）本次作业实行低压电气带电作业，开具配电第二种工作票。工作人员刘××作业时没有全部采取低压带电作业安全措施，即没有佩戴手套、护目镜，也没有对 220V 低压铝排裸露的带电部位采取绝缘防护措施或与其保持足够安全距离，违反《国家电网公司电力安全工作规程》（配电部分）第 8.1.1 条、第 8.1.6 条等规定，导致人身触电，是事故发生的直接原因。

（2）工作负责人钟××没有对照配电第二种工作票的要求布置落实低压带电作业防触电的安全措施，作业过程中没有及时发现并制止工作班成员刘××的违章行为，没有尽到监护责任，违反《国家电网公司电力安全工作规程》（配电部分）第 3.3.12.2 条规定，是事故发生的间接原因。

3. 事故分析

（1）现场执规不到位，作业人员遵规意识薄弱，缺乏安全自保、互保意识。作业人员没有认真贯彻执行《国家电网公司电力安全工作规程》（配电部分）、《国家电网公司计量标准化作业指导书》及省公司《关于加强营销作业现场风险管控的通知》等规章制度，思想麻痹，对触电风险分析和防范措施不到位，违章作业。作业工作人员缺乏安全自保、互保意识，工作负责人没有尽到监护责任，没有及时发现并制止工作班成员的违章行为。

（2）现场管控不力、作业人员安全素质低下。工作负责人、作业人员作业风险分析不到位，刘××、钟××对台架低压综合配电箱内低压接线不完全清楚，对带电裸露部分触电风险辨识不到位，也未采取相应防范措施。

（3）培训教育不到位，安全技能、业务技能差。××公司对营销业务人员安全技能及业务技能培训不到位，没有按规定组织好业务规章制度的宣贯学习和人员技能的教育培训；供电所安全日活动形式化，一线员工对"5·7""5·14"等事故应吸取的教训掌握不到位。

（4）安全检查和反违章工作不力。××公司安全工作重部署、轻检查，管理人员下现场只提要求，较少查纠违章，安全检查没有做到真抓真管、严抓严管。××公司没有严格执行国家电网公司反违章相关要求和实施细则，违章记分和违章责任分析执行不到位，对违章者只注重处罚不注重教育，严管严处力度不足。

第七章

班 组 安 全 管 理

第一节 班组日常安全管理

一、营业班组的安全职责

（1）贯彻落实"安全第一、预防为主、综合治理"的方针，按照"三级控制"制定本班组年度安全生产目标及保证措施，布置落实安全生产工作，并予以贯彻实施。

（2）做好班组管理，完善并落实岗位责任制。制定本班组年度安全培训计划，做好新入职人员、变换岗位人员的安全教育培训和考试。

（3）开展作业现场危险点预控工作，严格执行安全工作规程、"二票三制"以及各种（各类）规章制度，保证运行质量、检修质量，在生产实际工作中真正做到"四不伤害"。

（4）严格执行班前会、班后会制度，做好"三交三查"工作，及时主动汇报安全生产情况。

（5）开展定期安全检查、隐患排查、安全生产月和专项安全检查等活动。积极参与和开展各类安全运行分析、安全大检查等活动。

（6）组织开展安全事故警示教育活动，开展每周一次的班组安全日活动，做好安全活动记录。做好本单位的"两措"计划制定、贯彻、落实。

（7）规范管理、正确使用安全工器具和施工工器具，做好本岗位设备的安全运行、检修工作。

（8）加强电能计量和用电信息采集等设备的装拆、周期轮换、故障处理、设备现场检验等工作的安全组织措施和技术措施管理，防止因客户或微电网反送电影响工作安全。严格执行业务委托有关规定，做好安全管理工作。

（9）收集用户对电气安全、安装规范的意见及用户对供电质量的要求和改进意见的信息反馈工作。

（10）做好"抄、核、收"工作，正确使用营销系统，保证系统安全。

（11）执行电力安全事故（事件）报告制度，及时汇报安全事故（事件），保证汇报内容准确、完整，做好事故现场保护，积极配合开展事故调查工作。

（12）组织开展《电力法》《电力设施保护条例》《电力供应与使用条例》等法律、法规的宣贯，依法加强对所辖电力设施的保护，开展辖区客户服务和安全用电、依法用电知识的宣传普及工作。

（13）开展技术革新，合理化建议等活动，参加安全劳动竞赛和技术比武，促进安全生产。

二、供电所（服务站）负责人的安全职责

（1）供电所（服务站）负责人是本供电所（服务站）安全第一责任人，对本供电所（服务站）的安全生产负直接领导责任；对本供电所（服务站）人员在生产中的安全和健康负责，对所辖设备（设施）的安全运行负责。

（2）落实安全目标责任制，组织制定实现年度安全目标计划的具体措施，层层落实安全责任，确保安全目标的实现。

（3）认真执行安全生产规章制度和操作规程；负责组织编制重大（或复杂）作业项目的安全技术措施，履行到位监督职责或到现场指挥作业，做好各项工作任务的事先"两交底"（即技术交底和安全措施交底），有序组织各项生产活动；遵守劳动纪律，不违章指挥、不强令作业人员冒险作业，及时纠正或制止各类违章行为。

（4）加强所辖设备（设施）管理，组织开展电力设施的安装验收、巡视检查和维护检修，保证设备安全运行。定期开展设备（设施）质量监督及运行评价、分析，提出更新改造方案和计划，及时编制、提报年度"两措"计划，经审批下达后组织实施。

（5）开展标准化作业，严格检修、施工等工作项目的安全技术措施审查，加强电能计量装置和用电信息采集等设备的装拆、周期轮换、故障处理、设备现场检验等工作安全组织措施和技术措施管理，防止因客户或微电网反送电影响工作安全。严格执行业务委托有关规定，做好安全管理工作。

（6）建立健全安全设施和设备（如安全警示标志牌、剩余电流动作保护器等）、作业工器具、消防器材等管理制度，加强交通车辆安全管理，定期组织开展安全大检查、专项安全检查、隐患排查和安全性评价工作，根据存在问题制定整改措施计划，并组织整改。

（7）组织编制各种应急预案和现场处置方案，为各类事故处理和灾后抢险恢复做好准备。针对特殊天气、节假日及重要社会活动，落实对重要客户、场所可靠供电的措施方案，开展用电安全检查，保证安全可靠供电。

（8）定期组织开展安全工器具及劳动保护用品检查，对发现的问题及时处理和上报，确保作业人员工器具及防护用品符合国家、行业或地方标准要求，督促、检查、教育作业人员按规定佩戴和使用。

（9）组织开展《电力法》《电力设施保护条例》《电力供应与使用条例》等法律、法规的宣贯，依法加强对所辖电力设施的保护，开展辖区客户服务和安全用电、依法用电知识的宣传普及工作。

（10）对本供电所（服务站）全体人员进行经常性的安全思想教育；协助做好岗位安全技术培训以及新入职人员、调换岗位人员的安全培训考试；组织本供电所（服务站）人员参加紧急救护法的培训，做到全员正确掌握救护方法。

（11）及时传达上级有关安全工作的文件、通知、事故通报等，组织开展安全事故警示教育活动，规范应用风险辨识、承载力分析等风险管控措施，做好安全事故防范措施的落实。领导、支持本供电所（服务站）安全专责人的工作，亲自组织周安全日活动；经常检查现场生产工作，严肃查处违章、违纪行为。

（12）严格执行电力安全事故（事件）报告制度，及时汇报安全事故（事件），保证汇报内容准确、完整，做好事故现场保护，配合开展事故调查工作。协助政府主管部门做好供电辖区人身触电伤亡事故的调查处理。

三、生产单位安全员的安全职责

（1）在所在单位安全生产第一责任人的领导下，组织编制本单位安全目标规划，建立健全本单位的安全考核制度、安全生产职责和安全管理规定，负责安全监督方面的工作和安全奖惩考核工作，在业务上接受公司安监部归口管理。

（2）负责贯彻执行公司及本单位安全管理规章制度、电网调度管理条例、运行及检修规程等，教育本单位人员严格执行，做好人身、电网、设备、信息安全事件防范工作。

（3）负责制定本单位年度安全培训计划，做好新入职人员、变换岗位人员的安全教育培训和考试；培训单位人员正确使用劳动保护用品和安全设施。

（4）经常性深入一线班组及工作现场，开展监督检查和反违章工作，对作业环境、作业方法、作业流程、"三票一单"、安全防护用品使用及《电力安全工作规程》执行情况等进行检查，及时发现问题并提出改进意见。

（5）组织或参加安全性评价、安全检查、隐患排查、教育培训、竞赛评比、安全宣传、安全分析、事故预想及反事故演习等工作，并依据各类活动，掌握各项安全规程规定和制度的落实情况。

（6）参与本单位所承担基建、大修、技改等重点工作的组织措施、技术措施、安全措施（简称"三大措施"）的制定，做好对重点、特殊工作的危险点分析。积极开展技术革新，开展新技术研究应用；制定本单位保证安全的技术措施，为安全生产提供技术保证。

（7）定期组织本单位的安全活动，及时下发上级安全学习资料。检查班组的安全资料、台账，监督指导班组安全员工作。布置和落实公司下达的安全生产工作任务，督促各班组正常开展安全活动。

（8）督促落实事故抢修的安全措施。参加事故的调查分析，按"四不放过"原则制定事故防范措施，提出初步处理意见。按要求上报事故报告和报表。

（9）负责本单位安全工器具的保管、定期校验，确保安全防护用品及安全工器具处于完好状态。定期组织开展安全设施和设备（如安全工器具、安全警示标志牌等）、作业工器具、消防器材等的安全检查，并做好记录。

（10）负责布置落实本单位电力设施保护和消防保卫工作，按时上报本单位各类安全检查总结、安全情况分析、报表等资料，负责本单位"三票一单"的检查、统计、分析和上报工作。

（11）按规定参加公司召开的安全工作会议和安全网活动，主动汇报本单位安全生产情况和存在的主要问题。

四、班组长的安全职责

（1）班组长是本班组安全第一责任人，对本班组在生产作业过程中的安全和健康负责，把保证人身安全和控制电网、设备、信息事件作为安全目标，组织全班人员开展设备运行安全分析、预测，做到及时发现异常并进行安全控制。

（2）认真执行安全生产规章制度和操作规程，及时对现场规程提出修改建议；做好各项工作任务（倒闸操作、检修、试验、施工、事故应急处理等）的事先"两交底"工作，有序组织各项生产活动；遵守劳动纪律，不违章指挥、不强令作业人员冒险作业。

（3）负责组织落实作业项目的安全技术措施，履行到位监督职责或到现场指挥作业，及时纠正或制止各类违章行为。

（4）及时传达上级有关安全工作的文件、通知、事故通报等，组织开展安全事故警示教育活动，做好安全事故防范措施的落实，防止同类事故重复发生。规范应用风险辨识、承载力分析等风险管控措施，实施标准化作业，对生产现场安全措施的合理性、可靠性、完整性负责。

（5）对班组全体人员进行经常性的安全思想教育；协助做好岗位安全技术培训以及新入职人员、调换岗位人员的安全培训考试；组织全班人员参加紧急救护法的培训，做到全员正确掌握救护方法。

（6）经常检查本班组工作场所的工作环境、安全设施（如消防器材、警示标志、通风装置、氧量检测装置、遮栏等）、设备工器具（如绝缘工器具、施工机具、压力容器等）的安全状况，定期开展检查、试验，对发现的问题做到及时登记上报和处理。对本班组人员正确使用劳动防护用品进行监督检查。

（7）负责主持召开班前、班后会和每周一次（或每个轮值）的班组安全日活动，丰富活动内容，增强活动针对性和时效性，并指导做好安全活动记录。

（8）开展定期安全检查、隐患排查、"安全生产月"和专项安全检查活动，及时汇总反馈检查情况，落实上级下达的各项反事故技术措施。

（9）严格执行电力安全事故（事件）报告制度，及时汇报安全事故（事件），保证汇报内容准确、完整，做好事故现场保护，配合开展事故调查工作。

（10）支持班组安全员履行岗位职责。对本班组发生的事故（事件）、违章等，及时登记上报，并组织开展原因分析，总结教训，落实改进措施。

五、班组安全员的安全职责

（1）班组安全员是班组长在安全生产管理工作上的助手，负责监督检查现场安全措施是否正确完备、个人安全劳动防护措施是否得当，及时制止各类违章现象；遵守劳动纪律，制止违章指挥和强令作业人员冒险作业。

（2）负责贯彻执行上级单位及本单位安全管理规章制度、电网调度管理条例、运行及检修规程等，教育本班组人员严格执行，做好人身、电网、设备、信息安全事件防范工作。

（3）负责制定本班组年度安全培训计划，做好新入职人员、变换岗位人员的安全教育培训和考试；培训班组人员正确使用劳动保护用品和安全设施。

（4）组织或参加周安全日活动，对本班组安全生产情况进行总结、分析，开展员工安全思想教育，联系实际布置当前安全生产重点工作，批评忽视安全、违章作业等不良现象，并做好记录。

（5）负责本班组安全工器具的保管、定期校验，确保安全防护用品及安全工器具处于完好状态。组织开展安全设施和设备（如安全工器具、安全警示标志牌、剩余电流动作保护器等）、作业工器具、消防器材等的安全检查，并做好记录。组织开展安全大检查、专项安全检查、隐患排查和安全性评价工作，及时汇报、处理有关问题。

（6）参与本班组所承担基建、大修、技改等重点工作的组织措施、技术措施、安全措施的制定，做好对重点、特殊工作的危险点分析。积极开展技术革新，开展新技术研究应用；制定本班组保证安全的技术措施，为安全生产提供技术保证。

（7）按时上报本班组安全活动总结、各类安全检查总结、安全情况分析等资料，负责本班组"两票"的检查、统计、分析和上报工作。

（8）参加安全网会议或有关安全事件分析会，协助开展事故调查工作。

六、班组员工的安全职责

（1）对自己的安全负责，认真学习安全生产知识，提高安全生产意识，增强自我保护能力；接受相应的安全生产教育和岗位技能培训，掌握必要的专业安全知识和操作技能；积极开展设备改造和技术创新，不断改善作业环境和劳动条件。

（2）严格遵守安全规章制度、操作规程和劳动纪律，服从管理，坚守岗位，对自己在工作中的行为负责，履行工作安全责任，互相关心工作安全，不违章作业。

（3）接受工作任务，应熟悉工作内容、工作流程、作业环境，掌握安全措施，明确工作中的危险点，并履行安全确认手续；严格执行"两票三制"并规范开展作业活动。

（4）保证工作场所、设备（设施）、工器具的安全整洁，不随意拆除安全防护装置，正确操作机械和设备，正确佩戴和使用劳动防护用品。

（5）有权拒绝违章指挥和强令冒险作业，发现异常情况及时处理和报告。在发现直接危及人身、电网和设备安全的紧急情况时，有权停止作业或在采取可能的紧急措施后撤离作业场所，并立即报告。

（6）积极参加各项安全生产活动，做好安全生产工作。

第二节　作业安全监督

一、业扩报装安全监督

1. 现场勘查

（1）工作班成员应在客户电气工作人员的带领下进入工作现场，并在规定的工作范围内工作，做到对现场危险点、安全措施等情况清楚了解。

（2）进入带电设备区现场勘查工作至少两人共同进行，实行现场监护。

（3）勘查人员应掌握带电设备的位置，与带电设备保持足够的安全距离，注意不要误碰、误动、误登运行设备。

（4）不得替代客户进行现场设备操作。确需操作的，必须由客户专业人员进行。进入带电设备区设专人监护，严格监督带电设备与周围设备及工作人员的安全距离是否足够，不得操作客户设备。对客户设备状态不明时，均视为运行设备。

（5）组织人员现场勘查时，应注意保持与带电设备的安全距离，不得擅自操作用户设备。重点检查独立勘查时是否会进入用户带电区域，是否存在触电风险。检查对用户的重要性等级是否认定错误。

2. 中间检查

（1）中间检查工作至少两人共同进行。

（2）要求客户方或施工方进行现场安全交底，客户方（或客户方业扩工程施工单位）应在危险区域按规定设置警示围栏，做好相关安全技术措施，确认工作范围内的设备已停电、安全措施符合现场工作需要，明确设备带电与不带电部位、施工电源供电区域。进入设备运行区域，必须穿工作服、戴安全帽，携带必要的照明器材，不得随意触碰、操作现场设备，防止触电伤害。

（3）对业扩中间检查发现的问题应逐个登记并分析其严重程度，发现的隐患，及时出具书面整改意见，督导客户落实整改措施。

（4）对影响客户方安全运行的，应通过问题跟踪和检查验证的方式督促客户整改。明确告知客户，只有中间检查合格后方可进行后续工程施工，形成闭环管理。

（5）开展中间检查时，应注意高处落物和地面空洞防护不到位的情况，做好防误碰带电设备的措施。重点检查是否至少两人同时参与中间检查；检查高压客户增（减）容受电工程中间检查需停电的，是否使用变电站（发电厂）第一种工作票，工作票实行双签发制度。

3. 竣工检验

（1）竣工检验工作至少两人共同进行。现场负责人对工作现场进行统一安全交底，交待检验范围、带电部位和安全注意事项。

（2）要求客户方或施工方进行现场安全交底，做好相关安全技术措施。确认工作范围内的设备已停电、安全措施符合现场工作需要。

（3）竣工检验人员应注意现场警示标识，掌握带电设备的位置，与带电设备保持足够安全距离，注意不要误碰、误动、误登运行设备。

（4）对发现问题逐个登记，并分析其严重程度。对影响客户安全运行的，应通过问题跟踪和检查验证的方式，督促客户整改。并明确告知客户，只有复验合格后方允许接入电网。

（5）组织者应交待检验范围、带电部位和注意事项，防止误碰带电设备。重点检查是否至少两人同时参与竣工检验，高压客户增（减）容受电工程竣工检验需停电的，是否使用变电站（发电厂）第一种工作票，工作票实行双签发制度。

4. 接电客户设备投运

（1）严格实施客户新设备入网安全管控，落实客户设备入网安全把关职责，严格执行《业扩报装管理规则》等文件要求，加强营销、设备、调度等专业协同，做好客户新设备入网安全管控；严格执行客户设备入网相关技术细则，对居民小区、高层建筑以及有特殊、重要负荷的客户设备提出细化要求，加强竣工验收检查，严禁不合格电力设施"带病入网"；严把供用电合同签订关，确保新装客户供用电合同内容与营销系统档案、供电方案、客户现场情况一致，安全责任条款齐全、界面清晰。

（2）涉及多专业、多班组参与的项目，由现场负责人牵头，各相关专业技术人员参加，确定现场总指挥，成立工作小组，拟订接（送）电方案，接（送）电方案应事先告知参加人员。

（3）投运工作必须有客户方或施工方熟悉环境和电气设备且具备相应资质人员配合进行。投运前，客户方电气负责人应认真检查设备状况，有无遗漏临时措施，确保现场清理到位，并向现场负责人汇报并签字确认。送电前应先对临时电源进行销户，并拆除与供电电源点的一次连接线。严格执行投运启动方案，按调度指令逐项执行。

（4）客户自备应急电源与电网电源之间必须正确装设切换装置和可靠的联锁装置，确保在任何情况下，不并网的自备应急电源均无法向电网倒送电。发现未经检验或检验不合但已擅自送电的客户受电工程，必须立即采取停电措施。

（5）客户方电气值班人员应遵守《电力安全工作规程（电力线路部分）》，严格执行"两票三制"。

（6）投运手续不完整的，必须补齐手续。严格履行客户设备送电程序，严禁新设备擅自投运或带电。未经检验或检验不合格的客户受电工程，严禁接（送）电。对未经检验或检验不合格已经接电的客户受电工程，必须立即采取停电措施，严肃处理有关责任人和责任单位，按照公司统一的业扩报装程序重新办理业扩报装竣工报验手续。投运前，客户方电气负责人应认真检查设备状况，有无遗漏临时措施，确保现场清理到位，并向现场负责人汇报并签字确认。

（7）35kV 及以上业扩工程，应成立启动委员会，制定启动方案并按规定执行。35kV 以下双电源、配有自备应急电源和客户设备部分运行的项目，应制定切实可行的投运启动方案。所有高压受电工程接电前，必须明确投运现场负责人，由现场负责人（客服中心）组织各相关专业技术人员参加，成立投运工作小组。由现场负责人组织开展安全交底和安全检查，明确职责，各专业分别落实相关安全措施并向负责人确认设备具备投运条件。现场负责人对工作现场进行统一安全交底，明确职责，各专业负责落实相关安全措施和责任。

二、客户服务安全监督

1. 下厂检查

（1）客户服务人员应持证上岗，下厂检查不得超越其用电检查证的等级范围。

（2）下厂检查应保证由二人及以上人员同时进行，遵从客户厂区出入制度管理，不在厂区随意走动，不进入非检查范围的厂区，在检查现场不得代替客户进行电工作业。

（3）对客户受电装置存在的缺陷，说明其危害性和整改要求，以书面形式留下整改意见，并由客户签收。对发现的重大缺陷，由本单位正式发文报告政府相关主管部门。

（4）重点检查客户配置的绝缘工器具、验电笔、接地线等安全工器具及其试验合格标识，发现客户漏配、少配或器具不合格时，应当面告知现场电气人员并向客户正式发送缺陷通知书，要求其限期整改。

（5）严格执行国家电网公司《客户安全用电服务若干规定》，融合客户经理和客户服务人员岗位职责，用电检查与客户服务同时开展。

（6）开展用电安全周期性检查和专项排查，落实高危及重要客户服务、通知、报告、督导"四到位"工作要求，建立高危及重要客户"一户一档"，及时通知客户整改用电安全隐患并向政府电力管理部门报备，实现缺陷隐患闭环管控。

（7）结合日常周期检查服务工作，了解高危及重要客户停电检修计划，主动沟通调度、生产部门，与电网检修计划有机结合，有效减少停电次数。

2. 电源管理

（1）根据竣工检验记录和历次客户服务记录，关注客户自备电源改造、新增等活动，发现自备电源位置变化、设备变更等情况时，必须延伸检查其电源接线情况。

（2）书面要求重要客户配备自备应急电源，自备应急电源容量不小于120%保安负荷。自备电源与电网电源之间必须正确装设切换装置和可靠的联锁装置。对电源闭锁装置、自动保护装置动作闭锁功能应定期进行试验，防止发生合环和倒送电。确保在任何情况下，不并网自备电源均无法向电网倒送电。

3. 受电装置

（1）将"五防"功能作为一项必查内容。当客户对电气设备进行改造时，重点检查"五防"的完备性。掌握"五防"设施的日常管理情况，防止客户退出"五防"。

（2）指导客户检查设备"五防"要求［防止带负荷拉合隔离开关、防止带接地线（接地刀闸）合闸、防止人员误入带电间隔、防止误分合断路器、防止带电挂接地线（合接地刀闸）] 是否完备。

4. 窃电、违约用电查处

（1）客户服务人员必须具备相应的资质，并在其规定的相关范围内开展工作。实际现场检查时，客户服务的人数不少于两人，随身携带检查证，做好必要的自我防护。必要时联系公安部门配合，实施联合行动。

（2）对高危及重要客户或存在重要负荷的客户实施现场停电时，应在确保重要负荷所对应用电设备已安全停机或已采取安全措施后进行。

5. 欠费停复电

（1）严格履行法定告知义务，履行正常的审批、执行手续。指定专人进行工作监护。

（2）应事先进行现场勘察并落实防触电、防高坠的安全技术措施，指定专人进行工作监护。使用有绝缘柄的工器具和个人防护用具。高压设备停电拉闸操作应按照断路器（开关）—负荷侧隔离开关（刀闸）—电源侧隔离开关（刀闸）的顺序依次进行，送电合闸操作应按与上述相反的顺序进行，禁止带负荷拉合隔离开关（刀闸）。低压应先分清相、零线，选好工作位置，断开导线时，应先断开相线，后断开零线，搭接导线时顺序应相反，人体不得同时接触两根线头。

三、检测检验安全监督

1. 作业前

（1）运输车辆中设置专用仪器仪表防振保护箱柜。运输途中严禁叠放检测检验设备。检测检验设备使用专用便携箱，严禁检验设备裸放，防止设备摔坏、互撞。

（2）使用检定合格的检测检验设备，按照规定检定周期对检测检验设备进行量值溯源。定期开展检测检验设备期间核查及比对，对使用频繁的设备应增加期间核查及定期比对次数。

（3）按规定试验周期对安全工器具和安全防护用品进行检查、试验，保证安全工器具和安全防护用品符合安全状态。

（4）绝缘工具使用前应进行外观检查，确认电压等级与实际是否相符，并保持干燥、洁净。使用作业工具采取绝缘保护符合《安规》要求，工具、材料必须妥善放置并站在绝缘垫上进行工作。

（5）临时电源线应由专用电源接入，加装漏电保护器，绝缘良好，线径和长度符合要求，电源线应可靠固定。

（6）严格执行工作票制度，并将作业范围、工作内容、现场危险点、安全措施等内容完整填写在工作票中。

（7）现场工作负责人在作业前必须向全体作业人员进行现场安全交底，使所有作业人员做到"四清楚"（作业任务清楚、危险点清、作业程序清楚、安全措施清楚），并签字确认。

2. 作业中

（1）工作负责人或专责监护人在工作中应严格履行监护职责，及时纠正不安全行为，合理安排工作进度，严把工作流程及工作质量。

（2）计量现场作业至少两人同时进行，一人操作，一人监护。遵守计量二次回路操作规范，严禁带电电流互感器二次开路，严禁电压互感器二次短路。

（3）在客户现场工作，必须由客户方或施工方熟悉环境和电气设备的人员配合进行，必要时可寻找熟悉现场环境工作人员带领进入。

3. 作业后

（1）工作中认清设备接线标识，按照规程进行，试验过程应呼唱，设专人监护，工作完毕接电后要进行检查核验，确保接线正确。

（2）电压互感器检验完成后，必须对一次侧进行静电放电操作。在对一次侧进行放电时，必须戴绝缘手套和穿绝缘靴，使用放电棒与有效接地端可靠连接，确保试验静电有效释放。放电棒应定期检验，使用时应在检验有效期内。

（3）按照相关管理规定和工作标准，对现场工作做到"三清"（清扫、清点、清查）。

四、表计装拆安全监督

1. 作业前

（1）电能计量装置装拆工作前应仔细核对客户的户号、户名、地址、类型与电能计量装接单的数据是否一致，现场确认是否断开各方面电源并做好隔离措施，是否落实防止走错间隔、误碰带电设备的措施。

（2）若存在票面和现场的户号、电能表参数等不相符的，发现表箱漏水、接地线缺失等缺陷，应立即进行登记并暂时中止作业，在缺陷消除之前，不得开展现场作业。发现表箱漏水、接地线缺失等缺陷，应立即进行登记，并及时向相关人员反馈和汇报，设备主人接到信息后，必须第一时间到现场核实，并及时处置。在缺陷消除之前，不得开展现场作业。

2. 作业中

（1）计量现场作业应严格执行工作（作业）票制度，至少两人同时进行，一人操作，一人监护。

（2）工作负责人、专职监护人应始终在现场，对工作班人员的安全认真监护，及时纠正不安全行为。所有工作人员（包括工作负责人）不许单独进入、滞留在高压室、室外高压设备区。

（3）登高 2.0m 以上高处表计装拆作业，应系好安全带，安全带应系在牢固的构件上。

（4）严禁作业人员操作客户设备，属于客户资产的相关设备一律由客户自己操作。

（5）进行带电调换电能表时，应使用绝缘工具并戴手套，站在绝缘垫上工作。

（6）在装有联合接线盒的计量箱（柜）内进行带电调换电能表时，应有防止电流互感器二次侧开路、电压互感器二次侧短路和防止相间短路、相对地短路、电弧灼伤的措施。应先在联合接线盒内逐相短接电流回路短接片，再逐相断开电压回路连接片，然后拆开电能表接线调换电能表，恢复接线时顺序相反。

（7）计量二次回路采用标准的联合接线盒，严禁将回路的永久接地点断开。工作用自备发电机只能作为工作照明用，严禁接入其他电气回路。

（8）电能表、采集终端装拆、调试时，宜断开各方面电源（含辅助电源）。若不停电进行，应做好绝缘包裹等有效隔离措施，防止误碰运行设备、误分闸。

（9）电源侧不停电更换电能表时，直接接入的电能表应将出线负荷断开，应有防止相间短路、相对地短路、电弧灼伤的措施。对于不具备电能表接插件的三相直接接入式计量箱，其三相直接接入式电能表装拆应停电进行。

（10）现场校验时应认清设备接线标识，设专人监护，工作完毕接电后要进行检查核验，确保接线正确，接线时螺钉应紧固并充分接触。

（11）对可能发生误碰危险的安装位置，应对拆下的通信线进行包裹，作业人员不得直接触碰通信线导体部分。

3. 作业后

（1）相关人员要按照装表接电工作标准的要求，在计量箱（柜）作业完毕后及时关闭计量箱（柜）门，并当着客户的面对计量箱（柜）加封印。

（2）按照相关管理规定和工作标准，对现场工作做到"三清"。

五、采集终端装拆安全监督

1. 低压采集终端

（1）严禁作业人员操作客户设备，属于客户资产的相关设备一律由客户自己操作。

（2）对于工作中邻近的带电部分必须采取有效的措施，如装设遮栏、设置标识牌、悬挂标示牌等。

（3）按照用电信息采集建设安装作业规范执行，采集器电源必须经熔断器或微型断路器从表箱的进线侧取单相电，不得从电能表进线或出线取电。

（4）按照现场安装作业规范要求，屏蔽层必须单端可靠接地。

2. 专变采集终端、载波集中器

（1）专变采集终端、载波集中器的调换工作至少由两人进行，一人监护（负责人），一人工作，不得单人作业。

（2）进行带电调换时，应使用绝缘工具并戴手套，站在绝缘垫上工作。

（3）开启金属表箱（柜）门前应先用合格的验电笔进行验电，确认金属表箱（柜）有效接地后开始工作。若未接地或接地不良，必须采取临时接地措施。

（4）在装有联合接线盒的计量箱（柜）内进行带电调换终端时，应先在联合接线盒内逐相短接电流回路短接片，再逐相断开电压回路连接片。然后拆开终端接线调换终端。恢复接线时顺序相反。

（5）对作业所涉及断路器的电源和影响工作其他带电设备，必须停电后方可工作。安装完毕，现场进行跳、合闸试验。

3. 作业后

（1）相关人员要按照装表接电工作标准的要求，在终端安装工作完毕后，及时关闭计量箱（柜）门加封印。

（2）按照相关管理规定和工作标准，对现场工作做到"三清"。

六、计量箱装拆及相关工作安全监督

（1）金属计量箱、配电箱应可靠接地且接地电阻应满足要求。作业人员在接触运行中的金属计量箱前，应检查接地装置是否良好，并用验电笔确认其确无电压后，方可接触。

（2）当发现计量箱、配电箱箱体带电时，应断开上一级电源将其停电，查明带电原因，并做相应处理。高低压同杆架设，在低压带电线路上装拆计量箱时，应先检查与高压线的距离，采取防止误碰带电高压设备的措施。在低压带电导线未采取绝缘措施时，作业人员不准穿越。在不停电的计量箱工作时，应采取防止相间短路和单相接地的绝缘隔离措施，拆除导线的裸露部分后应立即进行绝缘包裹，不得触碰导线裸露部分。

（3）对计量箱门进行检查或操作时，作业人员应站位至箱门侧面，防范计量箱内设备异常。箱门开启后应采取有效措施对箱门进行固定。公共区域内安装计量箱时，应可靠固定，并应注意与水、热、天然气等管线留有足够的安全距离。

七、实验室内计量工作安全监督

（1）实验室内开展计量工作时，工作前应检查设备是否可靠接地，绝缘良好，漏电保护装置正常。接线前应选择合适的量程并正确使用，检查设备是否已切断电流、电压，确定装置不处于工作状态。

（2）试验过程中更改接线以及试验结束后，应首先断开电源，再进行充分放电、接地后，方可检查接线或再拆除检测接线，以防止人身触电。

（3）计量自动化检定设备，自动化检定系统的可接触到的外部金属部分，均应可靠接地，在机器人、机械臂或机械抓手等伸展移动部位等危险区设置安全警示标识，并在可能触及人员的位置设置安全遮栏。

八、现场抄表安全监督

1. 变电站抄表

（1）变电站抄表须由变电运行人员全程陪同，若遇紧急情况，应在变电运行人员指引下安全撤离。

（2）进入变电站前由变电运行人员负责安全交底，告知变电站内抄表的路径和位置，新上岗人员首次进入变电站，还应由原抄表人员陪同，指导新上岗人员熟悉电能计量装置的位置。

（3）抄表人员应按规定的路径、在规定的位置执行抄表作业，不得擅自变更。

（4）抄表时应与带电设备保持足够的安全距离。抄表时不得触碰运行设备开关，不得拨动二次开关、连接片。

2. 客户侧抄表

（1）落实抄表管理制度，严格执行现场抄表周期。

（2）不得替代客户进行电工作业。

（3）登高作业须专人监护，不得攀附周边电气设备抄表，需搭建临时登高台时，应检查台架是否牢固。

（4）观察表（柜）箱与带电部分是否接触，触碰前必须先进行验电。

3. 抄表中

（1）做好防范措施，根据实际需要，可配备驱狗器、打狗棒等防止被狗、蛇等动物咬伤的装备。携带必要的救助药品，学会紧急救护法。

（2）密切关注天气预报，合理安排抄表时段，尽可能避开恶劣天气。若遇突发恶劣天气，因地制宜做好个人防避措施，尽可能到最近的房屋进行避险。

九、分布式电源相关工作安全监督

1. 现场勘查

现场查勘时须核实设备运行状态，严禁工作人员擅自开启计量箱（柜）门或操作客户电气设备。

2. 计量装置安装

计量装置安装可按照本节第五、六、七条相关要求执行。

3. 并网验收

（1）接入高压配电网的分布式电源，其并网点应安装易操作、可闭锁、具有明显断开点、可开断故障电流的开断设备，电网侧应能接地。

（2）接入低压配电网的分布式电源，其并网点应安装易操作、具有明显开断指示、可具备开断故障电流能力的开断设备。

（3）接入高压配电网的分布式电源客户进线开关、并网点开断设备应有名称和编号，并报电网管理单位备案。

（4）装设于配电变压器低压母线处的反孤岛装置与低压总开关、母线联络开关间应具备操作闭锁功能。

（5）分布式电源并网前，电网管理单位应对并网点设备验收合格，并通过协议与客户明确双方安全责任和义务。

（6）并网点客户产权开断设备应由客户操作。检修时，双方应相互配合做好电网停电检修的隔离、接地、加锁或悬挂标示牌等安全措施，并明确并网点安全隔离方案。分布式电源现场设备应具有明显操作指示，便于操作及检查确认。

十、充换电服务相关工作安全监督

1. 充换电设备安装、调试及接入

（1）充电站建设、充电设备安装应符合有关标准、规定要求。

（2）充电桩、整流柜等充换电设备带电前，本体外壳应可靠且明显接地。

（3）充换电设备准备启动时，其附近应设遮栏及安全标志牌，并派专人看守。

2. 充换电站巡视

（1）充换电设备巡视人员每组不应少于两人。火灾、雷电、地震、台风、洪水、泥石流等灾害发生时，若需对充换电设备巡视，应得到充电设施管理单位（部门）批准。巡视人员与派出部门之间应保持通信畅通。

（2）巡视人员在巡视过程中发现充电机、充电桩外壳有漏电、设备响声异常、产生烟雾火花及严重缺陷时，应立即停止巡视，对充电桩进行断电处理，采取相应安全措施，并上报充电设施管理单位。

（3）巡视过程中，巡视人员不得单独开启箱（柜）门，开启箱（柜）门前应验电。

（4）巡视人员发现接地线和接地体连接不可靠或锈蚀严重问题，应立即上报，并停电进行现场处理，直至接地电阻重新测量合格，确保充电站接地系统良好。

3. 充换电设备清扫保养

（1）充换电设备清扫作业每组应不少于两人，设备清扫需将充换电设备断电。

（2）清扫充换电设备精密元器件时，应戴防静电手套，防止造成元器件损坏。

（3）清扫风扇等设备时，严禁作业人员将手指伸入。

（4）一体式充电机进线或整流柜进线带电清扫时，应采取绝缘隔离措施防止相间短路或单相接地。

4. 充换电站检修

（1）进行检修工作时，拆开的引线、断开的线头应采取绝缘包裹等遮蔽措施。因检修试验需要解开设备接头时，拆前应做好标记，接后应进行检查。

（2）变更接线或试验结束，应断开试验电源，并将升压设备的高压部分放电、短路接地。

（3）抢修消缺时，需断开充电机交流进线开关，并在进线开关设置隔离挡板，防止工器具或其他物体掉落引发短路故障。

（4）充换电设备断电后，需等待 2～3min，待充电机所有信号指示灯熄灭后，经验电确定无电后方可进行作业。

5. 现场充（换）电服务

（1）充电操作前，应检查充电设备是否运行正常，严禁在桩体损坏、正在检修的设备上进行充电操作。

（2）充电时应将充电枪完全插入充电口内，避免因雨淋漏电造成人身或设备伤害。

（3）充电时发生电池高温告警、充电模块高温告警等危及设备和人身安全的情况，应立即按下急停按钮，严禁拔出正在充电的充电枪。

（4）充电完成后，应将充电枪归位放好。巡视人员进行巡视工作时，应将未归位的充电枪及时归位。

十一、新能源（屋顶光伏）建设安全监督

1. 光伏支架焊接

（1）焊接时应穿戴护目镜，穿工作服，手套、绝缘鞋应符合专用防护用品要求。

（2）注意通风，应采取措施排除有害气体、粉尘和烟雾等。

（3）正确接线后，必须经过检查方可送电，并应有人监护。

（4）使用前必须对电焊机的二次线及接头进行检查，合格后方能使用。

（5）电焊机外壳按规定进行可靠接地。使用的电源盘必须带漏电保护装置，使用前必须检验其可靠性合格。

2. 光伏组件安装

（1）作业开始时，应由两人将组件板抬于支架上，禁止单人挪动组件板，并按照图纸规划安放牢固。

（2）进行组件接线施工时，施工人员应正确使用安全防护用品，不得触碰金属带电部位。

（3）对组串完成但不具备接引条件的部位，应进行绝缘包裹。

（4）当组件有电流或具有外部电源时，不得连接或断开组件。

（5）在潮湿或风力较大的情况下，禁止进行安装或操作光伏组件。

（6）在屋顶及其他危险的边沿工作，临空一面应装设安全网或防护栏杆，否则作业人员应使用安全带。

（7）汇流箱安装前，应先对其内部各元件做绝缘测试。在安装汇流箱、交流并网配电柜时，除接线端子外，不得接触机箱内部的其他部分。

附录 A　现场作业工作卡格式

现 场 作 业 工 作 卡

单位_____　　　　　　　　　　　　　　编号_____

工作负责人			班组	
工作班成员				共　人
计划工作时间	自____年____月____日____时____分 至____年____月____日____时____分			
客户名称	工作地点	工作指派人	派工时间	现场作业类型
序号	工作现场风险点分析	注意事项及安全措施		逐项落实并打"√"
1				
2				
3				
4				
5				
工作负责人签名				
工作许可人签名（供电公司）				
工作许可人签名（客户）				
工作任务和现场安全措施已确认，工作班成员签名				
开工时间_____年____月____日____时____分				
工作终结	工作负责人签名		工作许可人签名	
收工时间_____年____月____日____时____分				

注　1. 现场作业工作卡应按以下程序执行：工作负责人办票→工作派发人签字→履行现场安全措施→工作人员现场检查安全措施→工作许可（含客户许可）→开工→工作结束→存档备案。

　　2. 一张现场作业工作卡宜执行同一类营销现场工作，工作负责人可根据增加不同工作地点。

　　3. 本附录属通用模板，仅供参考，需要现场作业人员结合现场实际认真分析、列出现场实际存在的风险点，并对照填写注意事项及安全措施。

附录 B　现场标准化作业指导书范例

经互感器接入式低压电能计量装置故障处理标准化作业指导书

1　范围

本标准化作业指导书规定了经互感器接入式低压电能计量装置故障处理的作业前准备工作、工作流程图、工作程序与作业规范、报告和记录等。

本标准化作业指导书适用于经互感器接入式低压电能计量装置故障处理作业。

2　规范性引用文件

下列文件对于本文件的应用是必不可少的。凡是注日期的引用文件，仅所注日期的版本适用于本文件。凡是不注日期的引用文件，其最新版本（包括所有的修改单）适用于本文件。

中华人民共和国电力工业部（96）第 8 号　供电营业规则

GB/T 28583—2012　供电服务规范

DL/T 448　电能计量装置技术管理规程

DL/T 825　电能计量装置安装接线规则

Q/GDW 1799.1—2013　国家电网公司电力安全工作规程（变电部分）

国家电网安质〔2013〕945 号　国家电网公司关于印发《国家电网公司电力安全工作规程（变电部分）、（线路部分）》修订补充规定的通知

国网（营销/4）385—2014　国家电网公司电能计量故障、差错调查处理规定

国家电网安质〔2014〕265 号　国家电网公司电力安全工作规程（配电部分）（试行）

国家电网安质〔2018〕21 号　国家电网公司关于印发生产现场作业"十不干"的通知

国家电网营销〔2020〕480 号　国家电网有限公司营销现场作业安全工

规程（试行）

3 术语和定义

3.1 电能计量装置

电能计量装置是由各种类型的电能表或与计量用电压、电流互感器（或专用二次绕组）及其二次回路相连接组成的用于计量电能的装置，包括电能计量柜（箱、屏）。

4 作业前准备

4.1 准备工作安排

依据主要营销现场作业安全工作规程风险等级对应关系，经互感器接入式电能计量装置故障处理作业风险等级属于二级，应填用低压工作票。根据工作安排合理开展准备工作，内容见表1。

表1 准 备 工 作 安 排

序号	内容	标准	备注
1	接受工作任务	根据工作计划接受工作任务	
2	工作预约	根据工作内容提前和用户进行预约	
3	打印工作任务单	打印工作任务单，同时核对计量设备技术参数与相关资料	
4	填写并签发工作票	工作票签发人或工作负责人填写低压工作票，由工作票签发人签发	
5	准备和检查试验设备	根据工作内容准备所需试验设备，检查是否符合实际要求	
6	准备和检查工器具	根据工作内容准备所需工器具，并检查是否符合实际要求	

4.2 材料和备品、备件

根据作业项目，确定所需的材料和备品、备件，见表2。

表2 材 料 和 备 品、备 件

序号	名称	型号及规格	单位	数量	备注
1	电能表	根据用户类别配置	只	根据作业需求	
2	封印		颗	根据作业需求	

续表

序号	名称	型号及规格	单位	数量	备注
3	绝缘导线		米	根据作业需求	
4	RS485 通信线		米	根据作业需求	
5	外置开关控制线		米	根据作业需求	
6	绝缘胶带		卷	根据作业需求	
7	接地线		米	根据作业需求	
8	扎带		袋	根据作业需求	
9	接线标识标签		套	根据作业需求	
10	开关		个	根据作业需求	
11	倍率标签		张	根据作业需求	
12	低压电流互感器		只	根据作业需求	
13	联合接线盒	三相四线	个	根据作业需求	
14	号码管		个	根据作业需求	
15	水晶头		个	根据作业需求	

4.3 工器具和仪器仪表

包括装拆与运维通用部分及表 3 所列的工器具及仪表。

表 3   工 器 具 和 仪 器 仪 表

序号	名称	型号及规格	单位	数量	安全要求
1	高压验电器（含工频发生器）	根据不同电压等级配置	只	按需配置	
2	绝缘手套		副	按需配置	
3	绝缘靴		副	按需配置	（1）常用工器具金属裸露部分应采取绝缘措施，并经检验合格。螺丝刀除刀口以外的金属裸露部分应用绝缘胶布包裹。
4	绝缘垫		块	按需配置	
5	号码管打印机		台	1	（2）仪器仪表、安全工器具应检验合格，并在有效期内。
6	电能表现场校验仪		台	1	（3）检定装置应具有有效期内的《计量标准考核证书》
7	绝缘电阻表		只	1	
8	电流互感器现场检验设备		套	1	

4.4 技术资料

技术资料主要包括运行电能计量装置的相关资料，见表4。

表4　　　　　　　　　技 术 资 料

序号	名称	备注
1	《经互感器接入式低压电能计量装置装、拆作业指导书》《经互感器接入式电能表现场检验标准化作业指导书》《电流互感器现场检验标准化作业指导书》	
2	用户档案信息、技术资料（图纸、检验记录等）	
3	计量柜（箱）安装及使用相关资料	必要时
4	电能表使用说明书	必要时
5	电流互感器使用说明书	必要时

4.5 危险点分析及预防控制措施

包括装拆与运维通用部分及表5所列的危险点分析与预防控制措施。

表5　　　　　　　　危险点分析及预防控制措施

序号	防范类型	危险点	预防控制措施
1	人身伤害或触电	电弧灼伤	（1）工作人员应穿绝缘鞋和全棉长袖工作服，并戴手套、安全帽和护目镜。 （2）装拆电能表应把联合接线盒内的电流连接片短接，电压熔丝或连接片断开。 （3）装拆互感器应停电作业，确认电源进、出线方向，断开电源进、出线开关，且能观察到电气的明显断开点，并用验电笔（器）进行验电和装设接地线
		低压带电作业无绝缘防护措施、未采取措施接触两相或不具备低压带电作业条件	（1）低压带电作业时，作业人员应穿绝缘鞋和全棉长袖工作服，并戴手套、安全帽和护目镜，站在干燥的绝缘物上进行。 （2）低压带电作业时应设专人监护。 （3）低压带电作业时禁止使用锉刀、金属尺和带有金属物的毛刷、毛掸等工具，做好防止相间短路产生弧光的措施。 （4）低压带电作业应使用有绝缘柄的工具，其金属裸露部分应采取绝缘措施，防止操作时相间或相对地短路。 （5）低压带电作业时，人体不准同时接触两根线头。 （6）现场无联合接线盒时，装拆电能表应采用停电工作方式
		短路或接地	（1）工作中使用的工具，其金属裸露部分应采取绝缘措施，防止操作时相间或相对地短路。 （2）带电装拆电能表时，带电的导线部分应做好绝缘措施
		电容器放电	对有电容器补偿装置的用户，应先断开补偿装置开关，并逐相充分放电
2	设备损坏	装拆互感器意外坠落	在固定架上进行互感器装拆应采取防止互感器坠落的措施，以免互感器从固定架上坠落

5 工作流程图

根据工作全过程，以最佳的试验步骤和顺序，对作业过程进行优化而形成故障处理流程图，如图 1 所示。

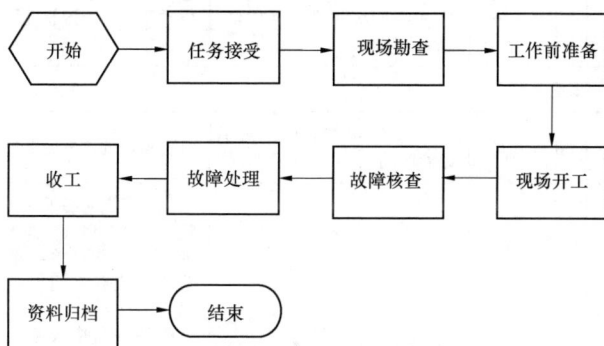

图 1 经互感器接入式低压电能计量装置故障处理流程图

6 工作程序与作业规范

按照工作流程图，明确每一项工作的具体内容和要求，见表 6。

表 6 工作程序与作业规范

序号	工作步骤	责任人	作业内容（工作规范和质量要求）	主要危险点预防控制措施	记录
一、任务接受					
1	接受任务	工作负责人	（1）根据营销业务应用系统计量装置故障工单，接受任务安排。（2）根据用电信息采集系统运维闭环管理模块派发工单，接受任务安排	采集系统主站用户应妥善保管账号及密码，不得随意授予他人	工作任务单
2	任务初判	工作人员	依据工作任务单进行以下操作：（1）通过营销业务应用系统，核对用户资料并查询计量装置档案，换表、抄表、现场检验记录等。（2）通过用电信息采集系统等相关信息系统查询表计日期时间、电量、需量数据、电压、电流、相位角、事件记录等，分析计量点电	（1）采集系统主站用户应妥善保管账号及密码，不得随意授予他人。（2）采集系统主站客户端禁止在管理信息内、外网之间交叉使用。	

续表

序号	工作步骤	责任人	作业内容（工作规范和质量要求）	主要危险点预防控制措施	记录
2	任务初判	工作人员	量平衡及线损数据，初步判断现场异常情况。 （3）利用二次回路巡检仪初判二次回路及互感器绕组故障	（3）采集系统主站客户端计算机应安装防病毒、桌面管理等安全防护软件	
二、现场勘查（必要时）					
1	工作预约	工作人员	提前联系用户，约定现场勘查时间	提前沟通，避免用户投诉	
2	现场勘查	工作人员	（1）因勘查工作需要开启电气设备柜门或操作电气设备时，应执行工作票制度，实施安全技术措施后，经履行工作许可手续，方可进行开启电气设备柜门或操作电气设备等工作。 （2）配合相关专业进行现场勘查，查看作业现场条件、环境及危险点	（1）查勘时必须核实设备运行状态，严禁工作人员未履行工作许可手续擅自开启电气设备柜门或操作电气设备。 （2）在带电设备上查勘时，不得开启电气设备柜门或操作电气设备，勘查过程中应始终与设备保持足够的安全距离。 （3）进入带电现场工作，至少由两人进行，应严格执行工作监护制度。 （4）工作人员应正确使用合格的劳动防护用品和安全工器具。 （5）严禁在未采取任何监护措施和保护措施情况下现场作业	
三、工作前准备					
1	工作预约	工作负责人	根据工作内容提前和用户进行预约		
2	打印工作任务单	工作负责人	打印工作任务单，同时核对计量设备技术参数与相关资料		
3	填写并签发工作票	工作负责人	（1）依据工作任务填写工作票（或现场任务派工单）。 （2）办理工作票签发手续	检查工作票所列安全措施是否正确完备，应符合现场实际条件。防止因安全措施不到位引起人身伤害和设备损坏	工作票
4	领取材料	工作班成员	凭故障处理工作单领取相应材料及封印等，并核对所领取的材料是否完备	核对材料、封印等信息，避免错领	故障处理工作单
5	检查试验设备	工作班成员	（1）检查试验设备是否符合工作要求。 （2）检查试验设备是否完好、齐备		

续表

序号	工作步骤	责任人	作业内容（工作规范和质量要求）	主要危险点预防控制措施	记录
6	检查工器具	工作班成员	选用合格的安全工器具，检查工器具应完好、齐备	避免使用不合格工器具引起电气、机械伤害	
四、现场开工					
1	办理工作票许可	工作负责人	（1）告知用户或有关人员，说明工作内容。 （2）如果使用低压工作票，办理工作许可手续	（1）防止因安全措施未落实引起人身伤害和设备损坏。 （2）同一张低压工作票，工作票签发人、工作负责人、工作许可人三者不得互相兼任	工作票
2	检查并确认安全工作措施	工作负责人	（1）高、低压设备应根据工作票所列安全要求，落实安全措施。涉及停电作业的应实施安全技术措施后方可工作。工作负责人应会同工作票许可人确认停电范围、断开点、接地、标示牌等正确无误。工作负责人在作业前应要求工作票许可人当面验电；必要时工作负责人还可使用自带验电器（笔）重复验电。 （2）应在作业现场装设临时遮栏（围栏），将作业点与邻近带电间隔或带电部位隔离。工作中应保持与带电设备的安全距离	（1）应将现场电气设备视为带电设备，并与设备保持安全距离。 （2）进入现场工作，至少由两人进行。 （3）工作人员应正确使用合格的安全工器具和个人劳动防护用品。 （4）进入现场应保持与带电设备的安全距离。 （5）严禁工作人员未履行工作许可手续擅自开启电气设备柜门或操作电气设备。 （6）严禁在未采取任何监护措施和保护措施情况下现场作业	工作票
3	班前会	工作负责人、专责监护人	（1）检查着装是否规范、个人防护用品是否合格齐备、人员精神状态是否良好。 （2）交待工作内容、工作地点、作业间隔、人员分工、带电部位和现场安全措施，进行危险点告知，进行技术交底，并履行签名确认手续	防止危险点未告知或分工不明确，引起人身伤害和设备损坏	工作票
五、故障核查					
1	计量柜（箱）验电、核查	工作班成员	（1）使用验电笔（器）对计量柜（箱）、采集器箱金属裸露部分进行验电，并检查计量柜（箱）接地是否可靠。 （2）核查计量柜（箱）外观是否正常，封印是否完好，有异常现象拍照取证后转异常处理流程	（1）工作前应在有电设备上对验电笔（器）进行测试，确保良好；无法在有电设备上进行验电时，可用工频高压发生器等验证验电器良好。 （2）核查前使用验电笔（器）验明计量柜（箱）、电能表等带电情况，防止人员触电。 （3）在用户设备上作业时，必须将未采取安全措施的用户设备视为带电设备。	

序号	工作步骤	责任人	作业内容（工作规范和质量要求）	主要危险点预防控制措施	记录
1	计量柜（箱）验电、核查	工作班成员	（1）使用验电笔（器）对计量柜（箱）、采集器箱金属裸露部分进行验电，并检查计量柜（箱）接地是否可靠。 （2）核查计量柜（箱）外观是否正常，封印是否完好，有异常现象拍照取证后转异常处理流程	（4）严禁工作人员未经验电开启用户设备柜门或操作用户设备，严禁在未采取任何监护措施和保护措施情况下登高检查作业。 （5）应将不牢固的上翻式计量柜（箱）门拆卸，检验后恢复装回，防止计量柜（箱）门坠落伤害工作人员。 （6）运行时间较长且未安装牢固的杆上柜（箱），应在停电并采取固定措施后操作；当打开计量箱门进行检查或操作时，应站位至箱门侧面，减小箱内设备异常引发爆炸带来的伤害。箱门开启后应采取有效措施对箱门进行固定，防范由于刮风或触碰造成箱门异常关闭。 （7）拍照应加强监护，拍照全过程中应戴好手套，严禁直接触碰裸露导体；作业前核对设备名称和编号，要保持与带电设备足够的安全距离，无法满足安全距离的情况下严禁拍照	
2	核对信息	工作班成员	根据故障处理工作单宜用计量现场作业终端核对用户信息、电能表铭牌参数等内容，确认故障计量装置位置	（1）核对计量设备铭牌信息如需要登高作业，应使用合格的登高用安全工具。 （2）绝缘梯使用前检查外观，以及编号、检验合格标识，确认符合安全要求。 （3）登高使用绝缘梯时，应设专人监护。 （4）梯子应有防滑措施；使用单梯工作时，梯子与地面的斜角度为60°左右；梯子不得绑接使用；人字梯应有限制开度的措施；人在梯子上时，禁止移动梯子	故障处理工作单

序号	工作步骤	责任人	作业内容（工作规范和质量要求）	主要危险点预防控制措施	记录
3	电能表核查	工作班成员	（1）核查电能表外观是否有破损、烧毁痕迹，封印是否完好，有异常现象拍照取证后转异常处理流程。 （2）核查电能表显示屏显示是否完整，有无黑屏等故障。 （3）宜用计量现场作业终端核查电能表存储单元、通信单元、费控单元、时钟单元、电源单元等是否故障。本地费控电能表应核查表内剩余金额。 （4）拆除联合接线盒封印并做好记录，用钳形万用表测量电能表电压、电流无异常后，用现场校验仪核查电能表接线，并进行误差校验，确认电能表误差是否在合格范围内。 （5）确定故障类型，拍照取证后，直接进入故障处理流程	（1）核查前使用验电笔（器）验明计量柜（箱）、电能表等是否带电情况，防止人员触电。 （2）电能表误差校验前，应检查电能表现场校验仪的电压、电流线绝缘良好，无破损，根据电能表接线方式，正确接入电能表现场校验仪。 （3）防止电流互感器二次回路开路、电压回路短路。 （4）拍照应加强监护，拍照全过程中应戴好手套，严禁直接触碰裸露导体；作业前应核对设备名称和编号，要保持与带电设备足够的安全距离，无法满足安全距离的情况下严禁拍照	故障处理工作单
4	电流二次回路核查	工作班成员	（1）使用验电笔（器）对二次回路的柜（箱）金属裸露部分进行验电，并检查柜（箱）接地是否可靠。 （2）核查电流二次线是否有破损、烧毁痕迹，核查电流二次回路是否开路或短路。 （3）确定故障类型，拍照取证后，直接进入故障处理流程	（1）工作前应在有电设备上对验电笔（器）进行测试，确保良好；无法在有电设备上进行验电时，可用工频发生器等确证验电器良好。 （2）核查电流二次回路如需要登高作业，应使用合格的登高用安全工具。 （3）绝缘梯使用前检查外观，以及编号、检验合格标识，确认符合安全要求。 （4）登高使用绝缘梯时应设专人监护。 （5）梯子应有防滑措施；使用单梯工作时，梯子与地面的斜角度为 60°左右；梯子不得绑接使用，人字梯应有限制开度的措施；人在梯子上时，禁止移动梯子。 （6）在绝缘梯上工作时，传递工具和器材必须使用吊绳和圆桶袋，注意防止工具、物件掉落。 （7）梯上高处作业应系上双控背带式安全带，防止高处坠落。	故障处理工作单

序号	工作步骤	责任人	作业内容（工作规范和质量要求）	主要危险点预防控制措施	记录
4	电流二次回路核查	工作班成员	（1）使用验电笔（器）对二次回路的柜（箱）金属裸露部分进行验电，并检查柜（箱）接地是否可靠。 （2）核查电流二次线是否有破损、烧毁痕迹，核查电流二次回路是否开路或短路。 （3）确定故障类型，拍照取证后，直接进入故障处理流程	（8）核查电流二次回路前，使用验电笔（器）验明计量柜（箱）、电能表等带电情况，防止人员触电。 （9）核查电流二次回路时，防止误碰带电设备。 （10）螺丝刀除刀口以外的金属裸露部分应用绝缘胶布包裹。 （11）拍照应加强监护，拍照全过程中应戴好手套，严禁直接触碰裸露导体；作业前核对设备名称和编号，要保持与带电设备足够的安全距离，无法满足安全距离的情况下严禁拍照	故障处理工作单
5	电流互感器核查	工作班成员	（1）根据用电信息采集系统、二次回路巡检仪等初判为电流互感器故障时，与用户协商停电时间，待停电后再核查电流互感器。 （2）停电前记录一、二次电流值，测算电流互感器实际电流变比与电流互感器铭牌、营销业务应用系统中记录的变比是否相符。用计量现场作业终端抄读采用RFID技术的电流互感器信息。 （3）停电后，核查电流互感器外壳有无损坏、铭牌不符、二次接线端头有无烧毁情况。 （4）根据工作任务填写工作任务，履行相应的签发、许可手续，按照《电流互感器现场检验标准化作业指导书》开展电流互感器检测。 （5）确定故障类型，拍照取证后，直接进入故障处理流程	（1）核查电流互感器如需要登高作业，应使用合格的登高用安全工具。 （2）绝缘梯使用前检查外观，以及编号、检验合格标识，确认符合安全要求。 （3）登高使用绝缘梯时应设专人监护。 （4）梯子应有防滑措施；使用单梯工作时，梯子与地面的斜角度为60°左右；梯子不得绑接使用；人字梯应有限制开度的措施；人在梯子上时，禁止移动梯子。 （5）在绝缘梯上工作时，传递工具和器材必须使用吊绳和圆桶袋，注意防止工具、物件掉落。 （6）梯上高处作业应系双控背带式安全带，防止高处坠落。 （7）核查前，应严格按照电力安全工作规程履行安全技术措施。 （8）电流互感器两侧应有明显断开点，或前后进出线开关均已断开并经验电合格。 （9）拍照应加强监护，拍照全过程中应戴好手套，严禁直接触碰裸露导体；作业前核对设备名称和编号，要保持与带电设备足够的安全距离，无法满足安全距离的情况下严禁拍照	故障处理工作单

续表

序号	工作步骤	责任人	作业内容（工作规范和质量要求）	主要危险点预防控制措施	记录
六、故障处理					
1	确认断开电源并验电（仅用于互感器、二次回路故障需停电处理的地方）	工作班成员	（1）核对作业间隔。 （2）使用验电笔（器）对计量柜（箱）金属裸露部分进行验电。 （3）确认电源进、出线开关已断开，且能观察到明显断开点，对于无法观察到明显断开点的设备，应有两个及以上非同样原理或非同源的指示均已同时发生对应变化，才能确认该设备已无电。 （4）使用验电笔（器）再次进行验电，确认互感器一次进出线等部位均无电压后，装设接地线	（1）工作前应在带电设备上对验电笔（器）进行测试，确保良好；无法在有电设备上进行验电时，可用工频发生器等确证验电器良好。 （2）防止开关故障或用户倒送电造成人身触电。 （3）断开开关后，在开关操作把手上均应悬挂"禁止合闸，有人工作！"标示牌	
2	电能表故障处理	工作班成员	（1）故障处理前，应告知用户故障原因，宜用计量现场作业终端抄读电能表当前各项读数，请用户签名确认。 （2）根据电能表故障类型，对电能表进行对时、换电池模块等，需要更换电能表的，按照《经互感器接入式低压电能计量装置装、拆作业指导书》装拆电能表	（1）工作时，应设专人监护，使用绝缘工具，并站在干燥的绝缘物上。 （2）装拆电能表时，拆开的二次电压线金属裸露部分应采取绝缘措施，防止短路造成人员伤害。 （3）短接电流二次回路时，应检查螺钉是否紧固，防止电流二次回路开路。 （4）开关外置型电能表的控制线在电源接入后带电，注意不能误碰控制线。控制线外皮绝缘不应有破损，否则应进行更换或用绝缘胶带包扎好，防止发生触电、短路或误跳	故障处理工作单
3	电流二次回路故障处理	工作班成员	（1）故障处理前，应告知用户故障原因，并抄录电能表当前各项读数，请用户签名确认。 （2）根据电流二次回路接线故障情况，采取相应的安全措施后，进行处理	（1）工作时应设专人监护，使用绝缘工具，并站在干燥的绝缘物上。 （2）需要停电处理时，应严格按照电力安全工作规程进行停电、验电、接地。 （3）处理过程中应仔细检查，防止再次接线错误	故障处理工作单
4	电流互感器故障处理	工作班成员	（1）故障处理前，应告知用户故障原因，并抄录电能表当前各项读数，请用户签名确认。 （2）电流互感器故障，按照《经互感器接入式低压电能计量装置装、拆作业指导书》装拆电流互感器	（1）工作时应设专人监护，使用绝缘工具，并站在干燥的绝缘物上。 （2）应严格按照电力安全工作规程进行停电、验电、接地。 （3）处理过程中应仔细检查，防止再次接线错误	故障处理工作单

续表

序号	工作步骤	责任人	作业内容（工作规范和质量要求）	主要危险点预防控制措施	记录
5	带电检查	工作班成员	（1）现场通电检查前，应会同用户一起记录故障处理后的电能表各项读数，并核对。 （2）带电后用验电笔（器）测试电能表外壳、零线桩头、接线端子、计量柜（箱）应无电压。 （3）检查电能计量装置是否已恢复正常运行。用计量现场作业终端读取电压、电流、相位角、事件记录等	工作前应在有电设备上对验电笔（器）进行测试，确保良好；无法在有电设备上进行验电时，可用工频高压发生器等确证验电器良好	
6	实施封印	工作班成员	故障处理后，应对电能表、互感器、联合接线盒、计量柜（箱）加封，互感器加封应在带电检查前，并在故障处理工作单上记录封印编号，或用计量现场作业终端进行抄读		故障处理工作单
七、收工					
1	清理现场	工作班成员	现场作业完毕，工作班成员应清点个人工器具并清理现场，做到工完、料净、场地清		
2	现场完工	工作负责人	记录好电能计量装置故障现象，履行用户签字认可手续，作为退补电量依据		故障处理工作单
3	办理工作票终结	工作负责人、工作班成员	（1）组织工作班成员有序离开现场。 （2）办理工作票终结手续		工作票
4	编制电能计量装置故障、差错调查报告	工作负责人	按照国家电网公司相关要求编制		电能计量装置故障、差错调查报告
八、资料归档					
1	信息录入	工作班成员	将故障处理信息及时录入营销业务应用系统		
2	资料归档	工作班成员	工作结束后，用户档案信息、故障处理工作单等应由专人妥善存放，并及时归档		

7 报告和记录

包括装拆与运维通用部分及表 7 所列的报告和记录。

表 7 报 告 和 记 录

序号	编　号	名称	填写部门	保存地点	保存期限
1	Q/GDW/ZY 00022—2012.JL02	故障处理工作单	班组	部门	不少于 3 年
2	Q/GDW/ZY 00022—2012.JL03	电能计量装置故障、差错调查报告	班组	部门	不少于 3 年

附录 C 主要营销现场作业类型与风险等级对应关系

主要营销现场作业类型与《国家电网有限公司作业安全
风险预警管控工作规范》定义的风险等级对应关系

序号	工作分类	作业类型	《规范》对应工作内容	《规范》对应风险等级	宜使用的书面记录种类
1	电能计量	高压互感器更换		二级	变电、配电第一种工作票
2	电能计量	低压互感器更换		二级	变电、配电第一/第二种工作票
3	电能计量	互感器现场校验		二级	变电、配电第一种工作票
4	电能计量	接线盒更换	涉及不超过 4 个专业或2个单位或4个班组或作业人员超过30人的风险等级不超过三级的大型复杂作业	二级	变电、配电第一种工作票
5	电能计量	变电站电能表、终端装拆及更换		二级	变电第二种工作票
6	电能计量	变电站电能表现场校验		二级	变电第二种工作票
7	电能计量	变电站内二次回路现场检测		二级	变电第二种工作票
8	电能计量	变电站计量装置故障处理		二级	变电第二种工作票
9	电能计量	高压电能表、终端装拆及更换		一级	配电第二种工作票
10	电能计量	高压电能表现场检验	单一班组、单一专业或作业人员不超过 5 人的风险等级不超过二级检修作业	一级	配电第二种工作票
11	电能计量	二次回路现场检测		一级	配电第二种工作票
12	电能计量	高压计量装置故障处理		一级	配电第二种工作票
13	电能计量	计量箱更换、安装	安装计量箱、爬墙线	二级	低压工作票
14	电能计量	低压采集运维		一级	低压工作票或其他书面形式
15	电能计量	低压电能表、集中器的新装、更换、拆除	不需要高压线路、设备停电或做安全措施的配电运维一体化工作	一级	低压工作票
16	电能计量	低压计量装置故障处理		一级	低压工作票

续表

序号	工作分类	作业类型	《规范》对应工作内容	《规范》对应风险等级	宜使用的书面记录种类
17	电能计量	低压电能表现场检验	不需要高压线路、设备停电或做安全措施的配电运维一体化工作	一级	低压工作票
18	智能用电	充换站建设	根据工作条件确定风险等级	一级或二级	现场作业工作卡
19	智能用电	充换电设备检修		一级或二级	现场作业工作卡
20	智能用电	充换电设备应急抢修		一级或二级	现场作业工作卡
21	营业业扩	高压业扩报装竣工验收		一级或二级	现场作业工作卡或配电第二种工作票
22	营业业扩	高压业扩报装（停）送电		一级或二级	现场作业工作卡或配电第一种工作票
23	营业业扩	分布式电源并网验收调试		一级或二级	现场作业工作卡或低压工作票
24	营业业扩	低压业扩		一级或二级	低压工作票
25	营业业扩	分布式电源现场勘查	单一班组、单一专业或作业人员不超过5人的风险等级不超过二级检修作业	一级	现场作业工作卡
26	营业业扩	高压新装现场勘查		一级	现场作业工作卡
27	营业业扩	高压增容现场勘查		二级	现场作业工作卡
28	营业业扩	高压业扩中间检查（上门服务）		一级	现场作业工作卡
29	营业业扩	地方电厂并网验收		一级	现场作业工作卡
30	客户服务	重要客户现场安全检查		一级	现场作业工作卡
31	客户服务	周期检查、专项检查		一级	现场作业工作卡
32	客户服务	窃电、违约用电查处		一级	现场作业工作卡或相应电压等级下的工作票
33	客户服务	按政府要求协助重大活动相关客户开展巡视值守		一级	现场作业工作卡

续表

序号	工作分类	作业类型	《规范》对应工作内容	《规范》对应风险等级	宜使用的书面记录种类
34	综合能源	综合能效、多能服务、新能源（屋顶光伏）建设、智能运维	根据工作条件确定风险等级	一级或二级	现场作业工作卡
35	电能替代	港口岸电、煤锅炉（窑炉）电能替代、电制冷及采暖	根据工作条件确定风险等级	一级或二级	现场作业工作卡

注　本表所列的营销现场作业对应的风险等级和宜使用的书面记录种类，应根据现场实际情况确定。表中未列出的营销现场工作应以相关规定和相关作业指导文件为准。